JN294365

新採教師の死が遺したもの

法廷で問われた教育現場の過酷

久冨善之／佐藤　博　編著

高文研

はじめに

人の死は、社会にあってはつねに日常の一部です。人は誰も死んでいく存在であり、親しい人々をやがて見送り、自分もまたいつか去っていく日がくることを私たちはみな自覚しています。

しかし、ときに大きな社会問題を孕んだ死があります。痛切に時代を象徴し、告発する死があります。ただ悼み、そのままに埋葬することはできない特別な死です。2004年9月、静岡県磐田《いわた》市での木村百合子さんの死は、現代日本にあってそのような死であったように思います。

彼女の職業は教師でした。まだ24歳で、みずみずしいばかりの夢をその仕事に抱いていました。子どもの幸福な成長は誰にとっても喜びであり、教育は社会が次代に託す希望です。彼女はそうした役割を果たす教師の仕事に憧れ、子どもとともに生きようと歩み出したのです。

ところが、百合子さんは、新任教師となってわずか半年で自ら命を絶ちました。彼女にいったい何があったのでしょうか。


「自分の授業が下手だから…それはそうだけど、教室内の重い空気になんともいえない息苦しさを感じる。子どもを愛すること…できているのかな」
彼女の遺した記録から、百合子さんの仕事に寄せる初心と現場での悩みが浮かび上がってきます。教師の仕事には、いつの時代にも人を惹きつけてやまない魅力があります。同時に、耐え難いほどの苦しみや哀しみ、辛さを教師にもたらすこともあります。教師の仕事はつねに難しさを孕んだものですが、今日、日本の学校は苛酷ともいえる苦難にさらされています。

「私は苦しいのだ。私は苦しかったのだ。私はつらかったのだ。自分の才能や天性に対しての評価とは関係なく。私にとって苦しいものは、私にとって苦しい。ただそれだけのこと」

日記に、人知れず百合子さんはそう書き残していました。教師の苦しみは子どもの成長に直接かかわっています。多くの教師たちが心身を病み、みずから死を選ぶほどに苦しみながら、子どもだけが幸福である学校が存在するでしょうか。教師が生きづらい学校は、子どもにとっても生きづらい学校にちがいありません。だからこそ、教師がこれほどに苦しまなくてすむ学校現場を、それは百合子さんのご遺族と裁判を支援した人々の祈るような願いだったと思います。

木村百合子さんの命はもはや還ることはありません。しかし、彼女を死に追いつめた「過去」は、今も生きて日本中の教師を苦しめ続けているのではないでしょうか。「誰が悪かったのか」を追及するのではなく、木村百合子さんが教師として生きた軌跡をできるだけていねいに追うことから、「何がいま教師を追いつめているのか」を解明したいと私たちは願います。

そこから、「いま学校で起きていること」を明らかにしていきたいと思います。今日のあふれるほどの「学校批判・教師批判」や、政治によって次々に提起され強行されている「教育改革」が現場に何をもたらしているかを問い直したいのです。多くの人々が、学校や教師について語るなら、まずこの学校の現実と教師のありのままの仕事を知ってほしいと望みます。

ふたたび同じ悲劇が起こることがないように、学校が子どもを育てるにふさわしい人間らしい温かさと大らかさで支えられ、学びの場にふさわしく自由で研究的な場所となるように。日本の学校をそうつくり変えることが木村百合子さんへの何よりの献花になると信じて、私たちはこの本をつくりました。

編者の一人として　佐藤　博

もくじ

第Ⅱ章　遺されたノートから

第Ⅲ章　公務災害認定をめぐる闘い

はじめに

1　A君の抱えていた問題をどう理解するのか？

（1）乳幼児期の経過

（2）A君が学校で示す様々な問題行動の意味するもの

2　困難な課題をもつ子どもへの理解と援助のための二つの視点

（1）子どもの〝view〟（子どもの意見、子どもからみた時の見え方、感じ方）への共感的理解

（2）自らの発達（development）に必要な生活世界（活動と人間関係）を求める「発達要求」としての理解

3　木村先生を死に追いやったもの

（1）周囲からの眼差し

（2）学校の根本的な「生徒指導観」の問題

（3）最後の引き金とも言えるA君の保護者からの手紙

おわりに

装丁・商業デザインセンター――増田　絵里

序章

追いつめたもの

木村百合子さんを自死へと追いつめたもの

牧師　蓮井　康人

※百合子さんってどんな人？

私は1997年4月に木村百合子さんが集っていた磐田《いわた》キリスト教会に赴任し、親しい関係の中で過ごしていました。「百合子さんってどんな人だった？」と聞かれると、自分でこうと思ったらそのまま進んで行ける強い意志を持った女性。人とふれ合うこと、その中で自分にできることを探しながら関わっていこうとされる方であったと思います。

教会では日本語の読み書きのできない日系ブラジル人を教えたり、逆にその子ども達からはポルトガル語を学んだりしていました。タイのスラム街に教会の宣教ボランティアとして3カ月間でかけたときには、子ども達の生活習慣の訓練プログラムを個別で作成して、生活改善を進め

生前の木村百合子さん。大学時代、ドイツにて。

ていました。現地の言葉（読み書き）を覚え、日本に帰ってからもタイ語で手紙のやり取りをするほどに熱心な教育者でした。やる気を起こさせる、出させる指導法には、牧師である私自身が、すごい！　と感心していました。そして百合子さん自身が〝教えることが楽しい〟と、教育にやりがいを感じていました。

その百合子さんが重たい心になっていたのは、教員採用試験で合格する以前に講師として採用されていた磐田市立東部小学校の教育環境でした。子ども達のために何かをしようにもいちいち許可を得なければならない状況でした。彼女から何度か相談を受け、協力もしました。採用試験に合格したとき、彼女との会話の中で、「私、磐周《ばんしゅう》地区での採用みたいなんだけど、東部小学校だけは行きたくないんだよね」と、先輩教師間の問題を感じていた発言でした。

それはこのあと起きた出来事、事件の序曲だったと思います。3月末に辞令を聞いた彼女が私のところに来て、「東部小学校に決まったみたいだけど、がんばってみます」と言って気を取り直して別れました。

※「不詳の死」という死因

学校に勤務し始めた5月頃、礼拝に出席中の彼女の目からは毎週のように涙が流れていました。礼拝後には人生の先輩たちに、話を聞いてもらっていました。

夏も終わり頃、夕方、自宅から歩いて教会に来て、そのまま礼拝堂で眠っていました。深夜になって百合子さんが私のところに、学校のことで相談にこられたのです。彼女は心が萎えた様子でしたので、「そんなにしんどかったら、休職して春に復職することもできるだろうし、教師を辞めることも選択肢に入れたら」「学校の事務の担当者に相談したらいいよ」と助言すると、彼女はうなずきました。その後、私は自宅まで車で送って行きました。

秋の運動会を終えた数日後、少し元気を取り戻した様子の百合子さんに書店で会いました。百合子さんから、「先生、やる気をなくしたらどうすればいいの？」と質問されました。私自身の経験談（燃え尽き症候群）を話すと、彼女は、「これから友だちに会ってきます」と言って別れました。それが彼女との最後の会話となってしまいました。

9月29日、秋雨の降る早朝、百合子さんは車中で焼身自殺を図りました。言葉も出ませんでした。「どうして？　何で？」と何度も何度も自分に問いかけていました。

その日、私は磐田警察署に赴き、担当者から司法解剖の結果を聞くようにと言われ、浜松医科大学病院に行きました。百合子さんの遺体を検死された担当医から伝えられた言葉は、「死因は自殺でも他殺でもありません。死因は不詳による死です。何かが故人を死に追いつめたと思われます。そのことが死因でしょう。このようなケースが最近多いのです……」

私は「不詳の死」という死因があるということを初めて聞かされ、その言葉が耳に残ったまま葬儀を執り行いました。その当時は何が彼女を死に至らせるまで追いつめたのだろうか、と自問していました。そのことは公務災害の裁判という静岡地裁での証人尋問まで分かりませんでした。

※伝えられない真実

百合子さんが亡くなった朝、東部小学校校長は、緊急職員会議を開き、そこで木村さんの死因を「不慮の事故」と教職員に告げました。まだ「正式な死因報告がない」にもかかわらず愚かな判断でした。なぜなら「不慮の事故」とは「偶然性」「急激性」「外来性」のすべてが認められた場合にのみ、その事故を「不慮の事故」というからです。百合子さんの死は偶然（？）だったのでしょうか。本人が避けることができなかった突発的な事故だったのでしょうか？

彼女が幼いときから通っていた教会で東部小学校4年2組の児童とその保護者、学校関係者、友人たちが見守る中、百合子さんの遺影は清楚な花に囲まれ、葬儀が営まれました。しかし、葬儀の席に当時の磐田市の教育長の姿はありませんでした。「大事な会合」があるからと、式の直前にあとを部下に任せて席を立ってしまわれたのです。

故人の死を悼むこの葬儀よりも大事な会合があるのだろうか、私は耳を疑いました。多くの人は諸用を置いて駆けつけて故人を悼み、ご遺族とともに悲しみを共有しているのに。これが当時の磐田市教育関係者のトップの価値観かと寂しい気持ちでした。人の命の大切さ、悲しみの中にあるご遺族、百合子さんを〝先生〟と呼んでいた子ども達の心を慰めることよりも、もっと大切な会合があったと言われるのでしょうか。

葬儀が終わってから、百合子さんのご両親と私は、彼女が書き綴ったノートや携帯メールを見て、学校側に「何が起きていたのかその真実を知らせてほしい」と願い、話し合いの場（校長、教頭、教務主任他）を教会で二度持ちました。しかし、ご両親の質問に対して十分な説明はされませんでした。堅く口を閉ざして真実は伝えられませんでした。

これらの話し合いの数日後、私は教育長の任命者である磐田市長にこの事件を手紙にして届けました。まもなく、磐田市教育委員会はこの事態の重さに気づき、事件が大きく広がらないようにと、Q学校教育課長と補佐の2名が私に会いに来ました。何があったのか詳しく教えてもらいたいと言われましたが、Q課長はすでに事件の概要を知っていました。

Q課長が学校側との話し合いの進行役をかって出られ、話し合いが再開されました。それは、Q課長が進行役というよりは説明役になることが多く、何よりも校長・教頭が不用意な事柄を裁判で言わせないかのようでした。

後日わかったことは、事件直後、教育長は市長および磐田市議会にも定例校長会にもこの事件についての報告義務をしていませんでした（当時の教育委員会の議事録に記録なし）。

※隠すため？

私のところに何名かの東部小学校の関係者が百合子さんの置かれていた状況を伝えてくれました。その後、ある先生は私に話したことが教頭に知れて、「教頭に厳しく叱責され、怖くてたまらなかった」と涙ながらに電話で訴えられました。

次第に東部小学校教職員の間に箝口令が出され、事件後に協力してくださっていた先生方も堅く口を閉ざし始めました。また、磐田市とその周辺の教職員に百合子さんの事件について尋ねても、教職員組合からの報告説明は全くなかったということです。それは当該学校も、教育委員会も百合子さんの事件を教育行政から葬り去ろうとしていたのではないでしょうか。

特に百合子さんのために裁判で証言したいと言ってくださった先生からは、後任のQ校長（前学校教育課長がまもなく東部小学校に校長として着任）から、「あなたの証言は個人の発言にとどまらない。磐田市教職員を代表することになるからよく考えろ！」と厳しい口調の警告を受けたと私に報告され、結局、証人として真実を告げるはずのこの裁判の出廷を断わられました。

何ともいえない圧力が裁判の前にありました。これが事件当時の磐田の教育界の状況でした。子どもたちに対して、何が正しく、何をしてはいけないと教えるべき立場の学校管理職が自ら間違ったことをやったのです。彼らの持っていた善悪の判断は自分の立場や組織にとって都合のよいことが善であり、益になることが正しいとされていたのではないでしょうか。「これでいいのでしょうか、先生！」と、私の心の叫びとなっています。

※クリスチャンであった百合子さんの自死について

自殺行為はよくないことであると誰でも知っています。自殺は創造主によって造られた者が自ら命を断つという罪と聖書で禁じられているために教会で葬儀が拒否される場合もあります。自殺はいけないと知っていたはずの百合子さんがなぜ自死してしまったのでしょうか。

今回の裁判で地方公務員災害補償基金側が執拗に主張することは百合子さんの精神的な弱さ（裁判では脆弱性）でした。人には恐れを感じ、不安を抱き、負担に感じ、躊躇するなど心の弱さがあります。新採教師が勤め始めた職場の人間関係で、鬱の症状を抱えながらも辛抱し、度重なる上司からの叱責や無理解、そして支援なき同僚に困惑し、精神的に追い込まれていく。今まで寄りすがってきた神に叫び、絶叫した。やがて心は燃え尽き、すべてのことにおいて気力を失い、ただ心の奥底にあった怒り（憎しみではなく）が百合子さんを焼身という行為に走らせてしまったのではないかと思います。それゆえに検死医師があのとき言われた「不詳の死」という意味の真実が私たちに伝わってくるのではないでしょうか。

私は木村百合子さんの公務災害認定取り消し訴訟に対する裁判に支援会の代表として関わりを持たせていただきました。この裁判を通してこれまで感じたことはあまりにも残酷な教師の労働環境の現状でした。それはだれのための学校、何のための教育なのかということでした。

本来、教育は子ども達の人生を左右する、その全人格に関わるすばらしい仕事です。児童教育は知・情・意、とくに心を育てていく大切なものです。教室は人の心の価値基準を作る大切な場所です。にもかかわらず、それに携わっている教師たちが必要以上のストレスを抱え、孤立させられ、追い込まれていくのでしょうか。

子どもや保護者は言いたい放題、同僚の無関心、成果主義に日々追われている上司。さまざまなキャラクターのモンスターが登場する〝学校〟というリングに新規採用の教師が一人、セコンドなしに闘う状況と似通っていると思います。「がんばれ！」「立て！」「ふんばれ！」と声援はするけれど、一杯の水も、一息できるいすも用意してくれない。だれもタオルを投げてくれない場所。これが裁判を通して私に見せつけられた今日の学校現場でした。

百合子さんの言葉を借りて言うなら「いい人はたくさんいるが助けてくれる人、同僚はいない」が教師を一人冷たく、死へと追いやっているのではないでしょうか。

百合子さんの死は本人の精神的脆弱性として取り扱われています。しかし、百合子さんは追い込まれた末の自死であったと思います。もはや公務災害認定の是非を問う裁判の判断レベルではなく、教育現場における集団的いじめ・パワハラを取り扱う刑事事件と言われても仕方がない事件ではないでしょうか。事実そうしなければ、今も全国の学校で起きているであろう百合子さんのような事件は解決していかないことでしょう。

学校関係者、とくに学校経営責任を持つ方々には、一人の教師を自死に追いやることは業務上過失致死罪に匹敵する犯罪行為であることも忘れないでほしいと思います。校長、教頭として選ばれた先生方にはそれを防ぐ尊い責務があるはずです。命を懸けてでもやるべき務めであるはずです。

教師の職場環境が百合子さんの事件をきっかけに少しでも、いいえ、全面的に改善されることを願ってやみません。

異常な労働環境が教師と子どもを苦しめる

木村事件遺族側（訴訟）代理人弁護士　小笠原　里夏

地方公務員災害補償基金が百合子さんの自殺について「公務外」の認定処分を出し、それに対して、いよいよ裁判に踏み切ることになったとき、百合子さんの母和子さんが発した言葉が忘れられない。

「A君のような難しいお子さんを新採の先生が担任する場合には、新採の先生に任せきりではだめなのです。専門的な対処とフォローが必要なんです。今は、そういう時代なのです。裁判はやります。勝てるかどうか分からなくても構いません」

百合子さんが和子さんの口を借りて言っているのではないだろうかと思いたくなるほど、確信に満ちた姿勢だった。

果たして一審の静岡地方裁判所の裁判官は、この和子さんの確信どおりの判断をしてくれた。

「同児童（Ａ男）は、ＡＤ／ＨＤか否かにかかわらず、……学級担任を務める教師として通常担当するであろう手のかかる児童という範疇を超えた、専門的個別的な指導・対応を要する児童であったというべきである。そして、仮に同児童の問題行動を生じさせる原因の一端が百合子自身の指導方法等にあったとしても、同人が新規採用教員であったことを考慮すれば、同人に対し高度の指導能力を求めること自体酷というべきである。」

この判断を得たとき、教職員をはじめとする学校教育に関わる人全てに、この判決を読んでもらいたいという強い衝動にかられた。和子さんも同じ気持ちだったに違いない。

しかも裁判官は、東部小学校の教頭がわずか1カ月で百合子さんに不適格教員のレッテルを貼ったのとは対照的に、「百合子は、４年２組の学級運営に関する困難な問題に対して、反省と工夫を繰り返し、懸命に対処しようとしていた」「百合子は苦悩しながらも、できる限りの努力や責任感をもって同児童に対応していた」と百合子さんの仕事ぶりを積極的に評価している。百合子さんだけでなく、多くの教職員の方にとって安心感とパワーを与えてくれる意義ある判決だと思う。

裁判では一貫して、百合子さんが置かれていた状況がいかに「困難」で「異常」かを立証することが求められた。そのためには多くの教職経験者から「こういうケースで、新採さん一人に対応させるなんて、ありえないですよ！」という力強い意見を得ることが不可欠であった。ところが、これが思いのほか困難な作業であった。

百合子さんが所属していた小学校の同僚教員の方々は、同じ職場の新人さんが自殺したというのに無関心を決め込んだ。この冷淡な対応は、残念ではあるが予想されたことであった。むしろ私が困惑したのは、百合子さんの裁判を支援してくださる方々からも時折聞こえてくる意見の歯切れの悪さであった。

「百合子さんの話を親身に聞いてくれる同僚教員が一人でもいれば……」

「新採のときは皆苦労しますからねえ……」

こういうコメントを耳にする度に、「新採の百合子さんに重荷を一人で背負わせるなんて、けしからん！」という無条件の同情・共感がなぜ広がらないのだろうともどかしかった。採用試験に受かったばかりの24歳の若者にとって、多動で衝動性が強く、全身で甘え、反抗してくる児童を抱えながら、独力で学級運営を維持していくことは、そもそも無理であると考えるのが自然ではなかろうか。心ある先生方までもが「どんなに困難であっても、新採であっても、担任は自らの責任で学級運営を乗り切るべきだ」という観念にとらわれているのは意外だった。

木村事件を通じて多くの先生方に出会うことができた。どの先生も大変な労働環境の中で誠実に仕事をされていて本当に頭の下がる思いであった。しかし、その大変さのあまり、自分や同僚の労働環境の苛酷さへの感覚が麻痺してしまっているのではないかと私は心配する。

「新採さんの大変さは理解できる。支援してあげるべきだけど、学校にその余力はない。自分が支援しようとすると今度は自分が潰れてしまう」「極限までやっている先生に向かって〝がんばって〟は禁句です」「大変な先生には、とにかく休めと説得します」――そんな話を度々耳にした。

教職員の方々が置かれている環境は、ほとんどサバイバル状態だ。そして、多くのサバイバーたちが、百合子さんと同じ状況を独力で克服している。その努力は素晴らしいが、同時に痛ましくも感じる。もっとひどいことには、一つの関門をようやく突破できてもまたすぐに次の関門が待ちうけているのである。

今必要なことは、関門を突破することを考えるだけでなく、サバイバル状態を作り出している根本的な問題に正面から立ち向かうことではないか。

教職員は安心して学校教育に専念できる環境の中で仕事をする権利がある。子どもたちの健やかな成長を思えば、これは途轍もなく大きく重要なテーマである。

木村裁判では、地方公務員災害補償基金が恥知らずの控訴をしたために、百合子さんのご両親、弁護団、支援する会は闘いを続けることになった。ぜひ、多くの方々に共に立ち上がっていただきたいと願っている。

第I章

陳述書・母の証言

陳述書

平成22年8月30日

静岡地方裁判所　民事部　御中

住所　静岡県磐田市
氏名　木村　和子

《1》百合子の性格など

百合子は私たち夫婦の次女として生まれました。

親の目から見た百合子は、何事にも一生懸命取り組み、物怖じもしない性格でした。責任感も強く、小学校のころ「木村さんのところは、お姉ちゃんも含めてしっかりしているね。」と先生に褒められたとうれしそうに報告してくれたこともありました。高学年になると学級委員をやったり、児童会をやったりもしました。中学生の時も成績は良く、上位にいました。百合子の姉が一番下の妹に「百合ちゃんは、朝礼の時、二度も表彰されたことがあるんだよ。」と話していたのが印象深いです。

百合子は地元の進学校に進みました。私は百合子が高校に入って進路を決めなければならなくなった時、百合子から相談を受けました。父親の姉夫婦とその子どもが教師をやっていたし、百合子自身が先生と仲良しだったり、「教師に向いているんじゃないの？」と言われたりしたこともあったからか、教育に興味があるようでした。それで私のところに「教育において、一番大事な時期っていつかな？」と聞いてきたのです。私と百合子は話し合って、「幼児教育が一番大事だね。」と共通の結論に至ったことを思い出します。百合子は静岡大学の教育学部に進み、そこで幼児教育を専攻したのですが、それは私とのこのような話し合いがあったことも大きかったと思います。

百合子は子どもも好きだし、教えることも好きだったようです。

大学時代には、「アベック」という子どもたちと一緒に遊ぶ活動をするサークルに所属しており、例えば、夏休みなどに伊豆の山の中の小学校まで出掛けていって地元の子どもたちと遊んだりという活動をしていました。

また19歳の時に「ベトナムの『子どもの家』を支える静岡の会」という、ベトナムのストリートチルドレンなど貧しい子どもたちへの支援活動を行う会にも入会しました。

家庭教師のアルバイトもしていて、「この子を伸ばしてやりたい。」と熱心に取り組んでいました。

また、百合子は語学習得にも熱心で、半年間ほど大学を休学して教会の関係でタイにいる宣教師のところに手伝いに行き、その機会を利用してタイ語を習おうとしていました。帰国後も、タイ語で現地で知り合った子どもたちに手紙を書いたりしていました。ベトナムの「子どもの家」の会に入会したのも、ベトナム語に興味があったという動機もあったようです。

大学4年生の時は、ポルトガル語を覚えたいと言って、磐田市にあるブラジル人学校に生徒として通ったりもしていました。百合子が「私のポルトガル語は、子どもたちから教わったのだから、発音がきれいなんだ。」と半分冗談で自慢していたことを思い出します。

百合子は、私たち両親がクリスチャンであったため子どもの頃から教会には行っていましたが、私たちとしては無理に百合子に洗礼も受けさせるつもりはありませんでした。でも百合子は、大学生の時、自分から静岡市内の教会で洗礼を受けてクリスチャンになりました。

《2》大学卒業後の生活の様子

百合子は、タイに行くために大学を半年間休学したため、本来よりも半年遅く平成14年9月30日に大学を卒業しました。そして10月からは静岡大学の附属幼稚園で平成15年3月まで半年間アルバイトをしていました。

百合子はその年の1回目の教員採用試験には不合格だったので、ハローワークで小学校での講師の募集を見付け、平成15年4月から1年間、東部小学校で講師の仕事をしていました。講師の仕事は、平日の午前中だけの勤務で8時前に出勤し、昼過ぎに帰宅するというパターンでした。仕事内容は4年生付の補助員でした。

講師の仕事も楽しかったようです。特に家庭教師をしていた子どもの母親が小学校教諭をしており（T先生という方でした。）、赴任先がちょうど東部小学校であったため、よくT先生と楽しくおしゃべりしたという話をしていました。

また、講師をしていた平成15年10月からは、学校の許可を得て、講師の仕事が終わって午後になってから、ブラジル人学校で日本語教師のアルバイトもするようになりました。

採用試験の勉強も続けていましたが、百合子には採用試験に失敗したという悲壮感はほとんどなく、合格した時にも「○○ちゃん（家庭教師先の子どもの名前）のおかげで受かったようなもんよ。」と茶目っ気たっぷりに話していました。

《3》　採用されてからの生活スタイル

百合子は、平成16年4月1日から小学校教諭として正式に勤務を始めました。朝は7時に出勤していました。私は5時30分から6時までの間に起床するのですが、私が起きた時点で百合子は起きて仕事をしていることもありましたし、私が百合子を起こすことも時々ありました。

帰宅はほとんど19時過ぎでした。帰ってすぐに夕食をとり、夕食後は自分の部屋へ入ることが多かったです。私がいつも22時頃に入浴し、その後百合子が入浴するというパターンでしたので、百合子の入浴は大体22時30分頃だったと思います。ですから、普段22時30分くらいまでは部屋で仕事等をしていたと思います。私自身が入浴後は寝てしまうので、その後百合子がいつ頃まで起きていたかなどは正確には分かりません。

《4》 平成16年4月の様子

4月初めには「文房具を学校用と家用に2個ずつ買ってきたよ。」とうれしそうに話していたのを覚えています。

担任するクラスが決まった日には、「私のクラスには、ブラジル人2人と、登校拒否ぎみの子1人なんだって。他のクラスは登校拒否ぎみの子2人なんだけど、私は新採だから1人にしてくれたんだって。」と百合子は私に話しました。淡々とした様子だったので私もそれ以上突っ込んで話を聞くこともなく、「そうなの。」と流してしまいましたが、百合子が私にわざわざ報告をしたということは、何か腑に落ちないところがあったんだろうなと思います。

百合子と話をするのは主に夕食の時でした。百合子は毎日ではありませんでしたが、学校であった出来事のうち、自分が気になったこと、うれしかったこと、心配なことなどを自分から話してきました。

4月当初に聞いた話はいくつかあります。

クラス内にいじめがあって、そのことを指導したら、一人の児童はちゃんと謝らないで、「だって殺したわけじゃあるまいし。」って言ったとあきれて話したことがありました。

また、「登校拒否気味の子が今日、お母さんにだっこされてきてね。だから帰りに『先生の大事なマーボー（豹のぬいぐるみ風の小物入れ）にお手紙を入れるから、お母さんに見せてね。それで明日、このマーボーに返事を入れて持ってきてね。』って言ってみたんだよ。」と話し、その翌日の夕食の際に「成功。良かった！　あの子がおはようと言って、元気よく早めに学校に来たよ。ほっとしたよ。」と安堵した様子で話していました。

それから、4月の早い時期だったと思いますが、「クラスに変わった子がいて。男の先生の言うことは聞くのに、私とか女の先生の言うことは全く聞かなくて、本当に困る子がいるんだよ。どうしたらいいのか。」と話していました。これが百合子が一番最初にA君について話をした内容でした。

百合子は「今日はAが教室を飛び出してしまって。職員室にいる先生たちも捜してくれて。そしたら、畑の方まで行ってたんだよ！」と話したことがありました。これは百合子が記していた

「基本」にも記録がないのですが、確かに百合子はこのように話しておりましたし、そのようなことがあったことについては、平成16年11月4日の校長との話し合いにおいても、校長が「どこかへ行ってしまって、みんなで探しに出たこともある。」と言っていました。

そして4月の終わりには、「算数の時間に円の中心をAがクラスのみんなに『中点と書け、中点と書け。』と強要しているので、私が『みんな、中心は中心と書きなさい。』と指導すると、Aが興奮してわめき出し、私が廊下に出てなだめたが収まらなかった。次に校庭にまで出てなだめたけど、2時間もパニック状態が続いた。校庭に出てなだめている時、教頭先生は職員室の窓から見ているだけで、何もしてくれないんだよ。」「教室に帰って他の児童に『今までにもこういう事があったの？』と聞いたら、いとも簡単に『あったよ。』という答えが返ってきた。」という話をしました。私は百合子の話を先生の仕事は大変だなあと思いながら聞くしかできませんでした。

こういう話を聞くようになった頃から、百合子はじわじわと元気をなくしていったように思います。でも元気がなくてしぼんでいるというのではなく、重いけれど一生懸命やっている、という感じでした。

《5》 5月の様子

5月の中旬頃（記録から5月14日であったことが分かります。）には、百合子は子どもたちからの手紙と小さなプレゼントをダンボール箱いっぱいに入れて持って帰ってきました。そして、夕食後にプレゼントの中にあったクッキーか何かを食べながら、「クラスの中がひどくて、授業をすることができないでいたら、子どもたちが『先生をはげます会』をしてくれたんだよ。」とうれしそうに話してくれました。また、笑顔をうかべながら「世話かけるのに、こんなことするんだよな。」と話していた姿も思い出されます。

そしてこの日だったと思いますが、百合子は「自分だけ先に学校から帰れる雰囲気じゃないけど、疲れて大変だから、定時に帰りたいって学年主任に申し出たら、学年主任が『じゃあ、来週はあなたが帰りやすいように4年生の先生全員で定時に帰ることにしましょう。』って言ってくれた。」とうれしそうに話しました。

ところが次の週になっても百合子の帰りは早くはなりませんでした。疲れた様子で帰宅した百合子は、「定時で帰れるようにするって言ったのに、学年主任は知らん顔してるんだよ。」とこぼしていました。

そして、5月の下旬には「Aのことをお母さん（保護者）に言うためには、記録をつけなくちゃいけないんだって。」と百合子が話していたことも記憶しています。この頃だったと思いますが、A君について「本当は家庭訪問の時にお母さんにAのことを話したかったけど、学校から今は話してはだめだと言われて話せなかった。」と話していたこともありました。

また5月の終わり頃だったと思いますが、何かの話のときにぽろりと「市販されているもので、眠れる薬があるんだって。飲んでみようかな。」と話したことがありました。ですが、実際に飲んだかどうかは分かりません。そんなに深刻そうな様子ではなかったので、仕事が大変で眠りにくいんだろうなくらいの認識しかありませんでした。

《6》 6月の様子

6月の初め頃だったと思います。お休みの日の午前中で百合子の様子が比較的穏やかだった時です。まとまって学校のことを私に話してくれたことがありました。百合子は、クラスの子どもたちの名前を一人一人あげながら、うれしそうに、「この子はここが良くなった。」「あの子はこれが出来るようになった。」と次々に話しをしてくれました。そして最後にA君のことについて、「この子はまだスタートラインにもついていないんだよ。まず病院に行くところから始めなきゃあ。」と話していました。

そして話の流れで、「教頭先生はなんであんなに怒るのかねえ。奥さんの具合が悪いっていうからそれでかねえ。」とも話していました。そしてさらに「怒る先生がもう一人いるんだよ。」「それにその先生は、自分の自慢ばかりしているんだよ。自分の授業を大勢の先生が見に来るとか、自分は優秀なんだ、とか。」とも話してくれました(後でそれはP教諭のことだったと分かりました。)

《7》　7月の様子

7月に入ると百合子の元気がない様子は程度がひどくなりました。表情も暗くなって、食欲も落ちてやせてしまったので、私も大変心配しました。

百合子は、気分転換に大好きな海外旅行を、と考えたようで、6月頃から夏休み休暇を使ってパプアニューギニアに行く計画を立て始めていました。ところが、どのように使うかは本人の自由であるはずの休暇なのに、学年主任から、百合子はまだ教えてもらっている身だから海外旅行に行くのは良くない、と言われたそうでショックを受けていました。そのため百合子にとって楽しみとなるはずの海外旅行もできなくなってしまいました。

夏休みに入る直前の海の日だったと思いますが、百合子は恩師である静岡大学の渡邉保博先生にA君のことやクラスのことなどを相談しに行きました。その夜のことだったと思います。夜中に居間の方で、百合子がわあわあ大泣きしている声で私は目が覚めました。様子をうかがっていましたが泣き続けているので、「どうしたの?」と声をかけると「ううん、ちょっと。」と言って自分の部屋に戻っていったことがありました。

またもう1週間くらい後にも、同じように夜中に百合子の泣き声が聞こえました。こんな具合で、夏休みに入った直後には少し笑顔がみられたものの、百合子の状態はまたすぐ悪くなってしまいました。

《8》　8月の様子

8月2日はA君のお母さんとの個人面談の日でした、百合子は夏休み前、「Aのことは特別にお母さんに話すのはよくないから、公の面談の時を使わないといけないと言われている」と言って、A君の母親が夏休みの個人面談の申込みをしてくれるといいんだけど、と心配して待っていました。そしてA君の母親から申込みがあったことが分かった時は、とても喜んでいました。

そして面談当日は、「大成功だった。」と言って帰ってきました。そして「あのね、家庭での様子を聞いて、お母さんから『どうしたらいいんでしょうかね。』っていう言葉をうまく引き出せられたの。それで『じゃあ、養護の先生に相談してみましょうかって言って、養護の先生にあとを頼んだの！」とうれしそうに話してくれました。またその時に「本当は私とAの母親と学年主任と3人で面談することになっていたんだけど、学年主任が直前になって用事があるから行けないって言って、面談には加わらなかった。」という話もしていました。

ところが数日後、「お母さんが病院に申込みをしたけど、予約が取れたのが10月の終わりなんだって。それで病院に行ったからってすぐに治る訳じゃないんだから、まだまだ先は長いよ。」と百合子は言い、落胆していました。

8月最後の1週間は特別休暇の期間でしたが、百合子はイライラして暗い表情で過ごしていました。

《9》　9月の様子

二学期が始まると、一学期にはA君に同調して騒いでいた子たちが落ち着いて、クラスが良くなってよかったと安堵した様子でした。ところがそれも最初のうちだけで、9月中旬になると、非常に疲れた様子で帰ってくる日が多くなりました。口数も減りました。髪の毛も薄くなってしまったなと感じていました。

そんな中で百合子が「提出書類を見てもらいたくて学年主任に言うと、『ちょっと今忙しいから後でね。』って言ってその後も時間をつくってくれなくて。こういうのがしょっちゅうなんだよ。仕方ないから他の学年の先生にみてもらったら、『この学年のことはこの学年の中でやってね。』と学年主任から言われて、本当に困る。」とこぼしていたのを覚えています。また「私、学校を辞めるから。」とも言っていました。

《10》　教頭やP教諭の暴言について

チャンバラ事件のあった9月22日は、ヘトヘトに疲れた様子で帰宅しました。食事の後に百合子は「今日はAとXがトラブルを起こしたんだ。Aは『絶対電話しちゃいかん。施設に入れるって言われる。』って言われてるから本当はしたくないけど、学校からはこういう時は家庭に連絡をしなさいと言われているから今日も電話したんだけど、今頃Aはお母さんから怒られているんだろうなあ。」と心配していました。

そして翌日（祝日）、昼頃になっても百合子が布団から出てこなかったため、尋常ではないと思った私は布団の所へ行って、「百合ちゃん、何があったか話してみたら？」と声を掛けました。

すると百合子は泣きながらチャンバラ事件のことを話してくれました。AとXが前日の給食の準備中に理科の教材でチャンバラしていて、Xの歯が欠けたことを話し、「そのことは大したことじゃなかった。だけど、教頭から『同じ教室にいて、なんで止められないんだ。お前は問題ばかりおこしやがって！』って、何であんなに怒られるか分からないくらいひどく叱られた…。」と泣いて私に訴えました。そして「教頭先生にそういう風に言われたら、前にP先生に『お前の授業が悪いからAが暴れる。』『アルバイトじゃないんだぞ、しっかり働け。』と言われた言葉がフラッシュバックしてきて、本当に辛い。」とも訴えました。

そして続けて、「Aのことを何回も学年会で助けてほしいって話しているのに、言った時だけ来てくれるだけで、他は何も助けてくれないんだよ。」と泣いて話しました。

私はチャンバラのことを教頭から叱られた話はもちろんのこと、百合子がP先生にそんな暴言を吐かれたことも、その時初めて知りました。そして、「上の先生が新採の百合子にそんなこと言うなんて…。なぜ百合子がそんな風に叱られなければならないの？」と信じられない気持ちでした。

百合子自身も教頭からそのように叱られたことが信じられないといった様子でした。そして「教頭先生はなんであんなに怒るのかね？」「（教頭が担当している）理科の教材を使ってチャンバラしてたから、あんなに怒ったのかな？」と釈然としない様子でした。

私は、百合子が理不尽に叱られなくてもすむように、という思いから、「校長先生と教頭先生に、養護の先生から、A君が病気だってことをお話してもらったら？」と百合子に提案しました。ところが百合子は「教頭先生も校長先生も知ってるんだよ。」と答えました。私は教頭が既に事情を知っているのにそんな暴言を吐くということにとても驚きました。そして「誰か補助の先生をつけてもらったら？」とも提案しました。ところが百合子は「付けてもらえないんだよ。そんな余裕はないんだよ、学校には…。」と答えるだけでした。

そして、諦めたように「もう学校辞めるよ。」と言いました。私も「辞めな、辞めな。」と言いました。私は、百合子はいっぱいいっぱいなんだ、そういう決心がついたのならそれを尊重したいという思いでした。ただ、辞めると言っても娘のその時の気持ちは3月までは勤めるというつもりのようでした。

少し話が脱線しますが、9月26日の夜にX君の母親から自宅に電話がありました。百合子は留守だったので私が出ました。X君の母親は「歯の調子が悪いので、もう一度病院に行ってきます。」とわざわざ百合子に伝えるために電話をしてきたのでした。百合子が帰宅した後でそのことを伝えると、百合子は「(返事の)電話しなきゃいけないのかなあ。」ととても渋っていました。

X君について百合子は「2年生の時に他の子と喧嘩して歯が折れた。Xと相手のお母さん同士で治療代をめぐって教育委員会もまきこんで大もめになったと、他の先生から聞いた。」と話をしていました。

X君の母親は学校としては気を遣わなければならない保護者という位置づけだったのではないでしょうか。そういう事情があったので、A君がX君の歯をかけさせたことについて、教頭が百合子を激しく叱ったのではないかと私は思います。

《11》 9月28日、29日のこと

そして、A君の母親からの手紙を百合子が受け取った9月28日は、百合子は疲れた様子で帰ってきました。手紙を受け取ったことは私たちには話しませんでした。夕食も少しだけ食べ、テレビを観て、「ちょっと行ってくる。」と行って出かけ、20分くらいで帰ってくると、自分の部屋へ入りました。妹が様子を見た時は、百合子は畳に突っ伏していたそうです。

そして翌朝、百合子は亡くなりました。
私は警察から知らせを受けて百合子が亡くなった現場に行きました。確かに百合子の車でした。
私は百合子が自殺をしたことが信じられず、「百合ちゃん！　子どもたちのことはどうするの！」と心の中で叫んでいました。

《12》　学校側の無責任な態度について

亡くなった日の夜に自宅を訪れた校長、磐田市教育委員会のQ課長に対して、私は、クラスが大変で苦労していたこと、教頭からは問題ばかり起こしやがってと言われ、P先生からもアルバイトじゃないんだぞと責められ、百合子が苦しんでいたことを訴えました。校長やQ課長は直接の関与者ではないから、こんな事実を知れば、きっと問題視して、何かしら動いてくれると私は思ったのです。

ところが、その後磐田市の市議会議員さんから「Q課長は『百合子さんのお母さんは、百合子さんの死について特に何も言っていない。』と言っている。」と聞いて私は驚きました。また校長も、百合子が亡くなった後に何度かお話はしたのですが、こちらが学校側の対応に問題があった旨を訴えても、ぬかに釘というか、しらばっくれるような応答しかしませんでした。

亡くなった翌月の月命日に、東部小学校の先生方ほぼ全員が2回に分けて弔問に来てくださいました。ところが先生方は玄関先までがやがやと世間話をしてきて、我が家の呼び鈴を押して初めておしゃべりをやめる、といった感じで、百合子の死を悼んでいるという雰囲気は感じられませんでした。また、何人かの先生とお話しさせていただいて、百合子は学校内でダメな先生とレッテルを貼られていたのではないかと感じました。

私は段々、教頭やP教諭の百合子へのパワハラは彼らの個人的な問題だったのではなく、学校全体に百合子を追い詰める雰囲気があったのだと思い至るようになりました。

今は私は、百合子が亡くならなければならなかったのは、周囲の先生たちが自分のことしか考えておらず、その冷淡さが大きな原因だったのではないかと思っています。

教頭は問題が起きるのを避けることに関心があって、「問題を起こした」新人を叱ることしかしませんでした。

P先生は、前年度A君の担任であったのに、A君の問題を覆い隠そうとしました。やはりP先生も、なるべく自分の関係するところで問題が起きてほしくなかったのだと思います。

学年主任の先生も自分が責任を負いたくないものだから、大事な場面で逃げました。A君の母親との個人面接の時も直前に「用事ができた」と逃げ、A君の母親から最後に手紙を受け取った時も、百合子と一緒に教頭のところへ報告に行きませんでした。

教務主任も「基本」を通じて百合子がずっとSOSを発しているのに、ほとんど何も動いてくれなかったのではないでしょうか。「（A君の）記録をとっておくことが大切です。養護の先生や学年主任と話をしながらていねいに指導しましょう。」（5月25日）、「Aさんについては記録をとってどんなときにどんな行動をとるか見ていきましょう。」（6月10日）などと書いてあるのに、教務主任が百合子がつけていたA君の観察記録を一度だって見たことがあったでしょうか。

校長も百合子が苦労しているのは随分前から当然知っていたはずなのに、無視を決め込んでいたとしか思われません。そうとは知らない百合子が亡くなる直前に「校長先生に色々と御相談したいです。おいそがしい時期とは思いますが、時間をつくっていただけないでしょうか。」と週案簿にSOSを発してもなお、「いつでも声をかけて下さい。都合をつけますよ。」と返信しただけで、何も動いてくれませんでした。

どんな立派な研修制度があっても、新人の百合子を現場でサポートしてくれるはずの先生方がこんな冷淡な雰囲気では、百合子は本当に孤立していたと思います。追いつめられて当然です。大変だからやりたくない、問題が表面化しないために見て見ぬふりをする、明らかに悩んでいた新採が自殺までしたのに、まるで他人事……。個々の先生は悪い人ではなさそうなのに、結果的にこんな自分本位の無責任な態度になってしまうのには、色々な事情もあることでしょう。でも、だからといって百合子のことがなかったことにされてしまうのでは、あんまりです。

《13》　遺族の思い

百合子が亡くなった喪失感を表現するならば、「世の中が白黒の世界になってしまった」という感じです。百合子を失ったのは絶望です。でも、絶望だけではひどすぎる、百合子のことが何かの役に立って欲しいという気持ちを強く抱いています。

私は、今回の裁判において、何がいけなかったのかがきちんと明らかになってほしいと強く願っています。そしてその原因を教訓に、教育委員会も学校も個々の先生方もきちんと対策をとり、教育の現場で二度と百合子のような不幸が起こらないようになってほしいと願っています。

私は、そういう気持ちで裁判を続けています。

以上

【お断り】文中、実名の部分は特定できないイニシャルにしています。

第Ⅱ章

遺されたノートから

木村百合子さんの軌跡を追って

佐藤　博

若い日に、誰もが夢を描く。同時に、自分に何が出来るかと戸惑い、不安に揺れる。選んだ職業は自分に向いているかと悩む。

百合子さんは子どもが好きだった。大学の教育学部で学びながら、ベトナムのストリートチルドレンを支援する活動に参加したり、教師への希望を大きくふくらませていた。

だが、現実の学校現場は彼女にとって苛酷だった。百合子さんはたくさんの記録を残している。そのもっとも分厚いものが、毎日の授業や行事の内容とともにその日の感想を書き綴った『初任者研修実践記録』である。最初のページを開くと、そこからは教師になったばかりの百合子さんの緊張や意気込みが、若い気負いとともにまっすぐに伝わってくる。しかし、やがてクラスは荒れ、百合子さんは経験のないまま厳しい試練にさらされることになる。新採教師に必要なほんとうの支えを受けることができず、周囲に責めたてられながら、無力感と孤立を深めていく。

辛いことの多かった日々に、彼女は人知れず日記も残している。第三者に読まれることなど想像もしていないノートに、彼女は無防備なまでに自分の感情をさらしている。

百合子さんの遺した膨大なノート類のなかからおもな記録を選び、彼女のまわりにいた人々の証言もまじえながら、新採教師に何が起きたのか、彼女の死は何を問いかけているのかをたどってみたい。

新採教師、木村百合子さんの一八二日

木村百合子さんは二〇〇四年四月、磐田市立東部小学校に新採教師として赴任する。静岡大学教育学部を卒業して、一年間、同小学校での「学校いきいきプラン」補助員として勤務した後の正規採用だった。

百合子さんは四年生に配属されて二組の担任となり、週当たり一六、五時間の授業と六時間の初任者研修、クラブ活動等の職務を与えられている。

四年生の学級は三クラスあり、一組は女性の学年主任、三組は四〇歳代のベテラン女性教諭が担任で、百合子さんは両隣の教室のどちらにも相談できるように配慮されていた。

学級編成は負担に大きな差がでないようにバランスが考慮され、百合子さんの学級は男子一七名、女子一五名の計三二名で、うち外国人児童が二名、母子分離不安の児童一名が含まれていた。このほか、初めは知らされていなかったが、生育の困難を抱え、発達障害を疑われる男児が在籍していた。

また、初任者であった百合子さんには校内だけで年間一八九時間の研修が課され、毎週数時間の「授業参観と授業研究」、毎日一ページの『初任者研修実践記録』のほかに、そのたびごとの詳細な授業計画や研修記録の提出が求められていた。新採教師は初めての毎日の授業準備のために、何よりも教材研究の時間が欲しいが、それは睡眠を削るほかなかった。まだ拙い授業やうまく指導できない学級をつねに管理職やさまざまな先輩教師に見られ、「指導助言」を受けることは相当に精神的な圧迫になるであろうことは想像に難くない。百合子さんの教師生活はこうした条件の下でスタートした。

四月

◑初めて教壇に立ち、百合子さんの新鮮な春が始まる。新採教師にも、やがて教室の子どもたちのようすが見えてくる。気になる子どもや、自分にできることの模索が始まり、自分の力不足も気になり始める。それでも、子どもと一緒に遊んだり、昼休みに絵本の読み聞かせをしたり、日々、反省しながら前に進もうと試みている。

現代の教師の苦しさは、まず対象である子どもの抱える困難であり、子どもとの関係である。子どもは誰もが素直にまっすぐに成長するものではないし、けっして教師の思い通りにはならない存在である。それぞれに生育と生活の重さを背負い、発達の困難を抱えて学校に来ている。一人ひとりの子どもをどう見るのか、その場その場で子どもにどう対応するのか。経験を積んでも教師はつねに難しい仕事である。

月末に百合子さんに試練が訪れる。後に、もっとも百合子さんを苦しめることになるAくんのパニックである。

◆四月一日（木）

【研修記録】とても緊張した。教師としての責任の重さや職務の難しさを感じると同時に、子どもたちを愛していこう、子どもたちの成長のために全力を尽くそうと心に誓った。不安なことはあるけれど、わからないことは周りの先生方にきいてどんどん学んでいきたい。これから始まる一年間がとても楽しみでわくわくしている。

〔注〕「研修記録」とは正式には「初任者研修実践記録」のことで、新採教員が毎日、時間ごとの授業

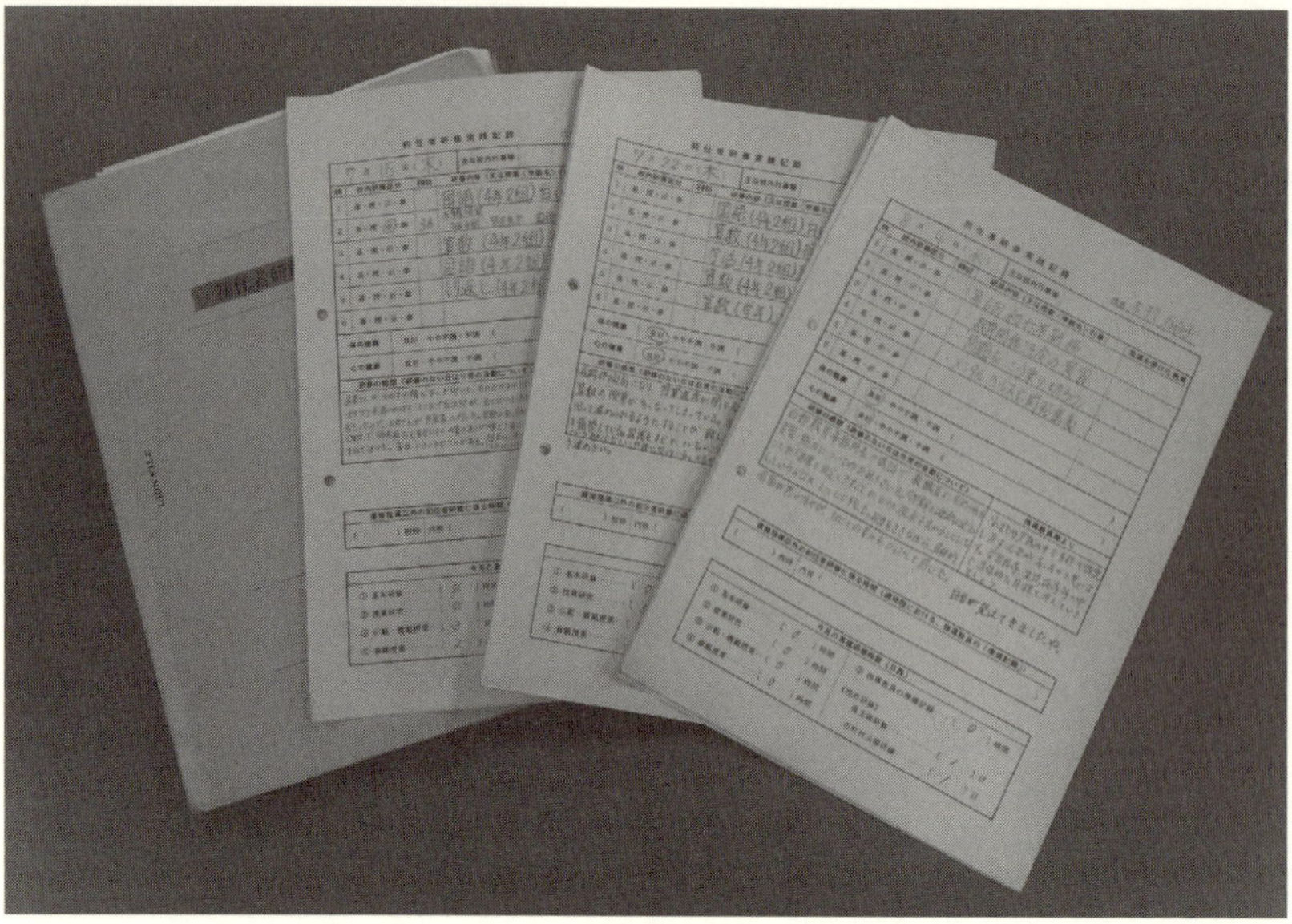

日々の記録を綴った初任者研修実践記録。中段が研修の感想。

や研修の内容を記録し、心身の健康状態、その日の出来事や感想を記入して指導教員に提出する書類。ここでは、そのなかから「感想」部分のみを収録した。

◇四月六日（火）

【研修記録】クラスの子どもたちと初めて顔を合わせた。子どもたちはとてもわくわくしていて目を輝かせている。その期待に応えられる担任になりたいと思う。数名、話を聞く姿勢ができていない子や、休み時間に教室内で走る子がいたので、そのような点については初めに厳しく指導していきたいと思う。

◇四月八日（木）

【研修記録】学級組織が少しずつできてきた。給食や清掃が始まったが、スムーズに動けないことも多い。子どもたちの緊張とやる気に満ちている今の時期に、しっかりした組織をつくりたい。転入生も少しずつクラスの子と関わりをもち始めているが、気軽に話せる友だちはいない。子ども同士の関わりを多くつくりたい。

◇四月九日（金）

【研修記録】クラス全体は、新学期が始まった緊張感とやる気が継続している。ただ転入生のSさんと、仲のよい友だちがいないYさんが周りの子となじめない様子だ。授業の中で子ども同士の関わりを多くしたり、昼休みに私も一緒に入って彼らが他の子どもたちと遊んだりできるようにしたい。今日の昼休みはドッジボールをした。

◇四月一二日（月）

【研修記録】教師が健康であることは、とても大切だと痛感した。また、図工の時に、私は自分の思い描いている方法で子どもたちに描かせようとしたが、うまくいかなかった。子どもたちの実態が掴めていなかったし、強引に「やらせよう」と言う気もちが強かったと反省している。

◇四月一三日（火）

【研修記録】クラスの雰囲気が騒がしい上に、子どもたちの行動が遅い。自分の授業を見直し、子どもたちにとって「わかりやすい、おもしろい授業」にしなくてはいけないと思う。自分が目の前のことに追われてしまい、すべきことが見えていない。

◇四月一九日（月）

【研修記録】授業があまりうまくいかなかった。自分の発問や指示があいまいなので、子どもたちが混乱してしまった。国語も算数も、もうじき初めの単元が終わってテストをする。不安だ。授業がうまくいかない焦りや子どもの忘れ物が多いという焦りで、今日の私はイライラしてしまっていたと思う。

◇四月二〇日（火）

【研修記録】給食の準備、片づけが遅くて下手だったり、掃除中にやろうとしない子がいたり、忘れ物が多い。子どもたちの悪い所ばかりが目につくのか、指導できていないのでそうなっているのか…。他のクラスの様子や指導を教えてもらおうと思う。

◆四月二二日（木）

【研修記録】昨年も一、二学期に「母親に抱っこされて登校することがあった」男児が、今年度になって初めて母親に抱っこされて登校した。昨年は「教室に入れば普通に過ごした」とのことだったが、一時間目はなかなかいすに座れなかった。三時間目以降は明るい表情になってきて、発表したり、当番の仕事をがんばったりした。

◆四月二三日（金）

【研修記録】昨日、登校をしぶり、母親に抱っこされて登校したFくんも元気に登校できてほっとした。しかし、交通教室のとき、私のクラスだけ手いたずらが多く、落ちつきがなかったので私はイライラしていた。昼休みにFくんとXくんと三人で絵本を読んだ。ほんの一〇分くらいだったが、自分の気もちが穏やかになった。掃除・五時間目を子どもたちには落ちついてとりくめた。叱るよりもまず自分が気もちを落ちつけることが大切なのかなと感じた。

◆四月二六日（月）

【研修記録】Fくんが休んで心配だった。その上、「隣の席の子がお腹をたたいたり、エンピツでいじわるをしたりして困っています…」とBさんの母が書いてきた。学年主任に相談して対応したが、今後が心配だ。私は「隣の席の子」よりBさん自身に問題があるように思えて心穏やかではない。また毎日のように他児とさまざまなトラブルのあるAくんや、全く学習にとりくまない時があるKさん、クラスの多くの子どもたちが忘れ物が異常に多いことなど、心配なこと、不安なことがたくさんあって、心が混乱しそうだ。

◆四月二七日（火）

【研修記録】クラス内の三人の児童がHくんのえんぴつ、下じき、線ひきなどを授業中にとってかくした。（授業が終わると返す）そのようなことが、二週間ほど、何度もくり返されていた。三人に対して、明日指導する。Hくんのことについて、私は何も気づいていなかった。気づいたときに一つ一つ解決していくしかないかもしれないが、次々起こるいろいろなことに、とても対応しきれていない。つらい。一番つらいのは子ども本人だから私が支えていかなくてはいけないかもしれないけれど、しんどい。

【母の記録】「クラス内にいじめがあって、そのことを指導すると一人の児童は謝らないで『殺してないんだからいいじゃん』って言ったんだよ」とびっくりして話していた。

〔注〕百合子さんのお母さんは裁判にあたって、百合子さんの言動を思い出し、家庭における「生活記録」として弁護士に提出している。「母の記録」として、その一部を収録する。

◇四月二八日（水）

【研修記録】Hくんの物を隠した三人に指導をした。二人は十分反省しているとは思えない。今後も注意深く見ていくことが必要。Hくんにも時々声をかけていく。

参観会や懇談会など終わってほっとした。参観会の後、短い時間だがHくんの母と話せてよかった。

◇四月三〇日（金）

【研修記録】国語のテストで「付」という漢字がわからないことがくやしくてAくんは友だちのテストをカンニングしようとしたため二度注意した。次に漢字ドリルを出して写そうとしたので、Aくんのテストを中止した。Aくんは怒って興奮し始めた。そして二時間目の途中で、席に座っていられないほどパニック状態になった。私は力で抑えるなどした。後から養護教諭に対応の仕方を教わった。「まずクールダウンさせること」

五月

◐五月になり、百合子さんの学級はしだいに難しさを増している。経験がなく女性である若い百合子さんに、子どもたちは「馴れ」と「甘え」を見せ、規律の乱れがあらわになってくる。百合子さんは悩みを深めながら、子どもに試されているように感じている。

そんな百合子さんを見て、子どもたちは「先生を励ます会」を開いてくれる。担任であることの交錯する悲喜、子どもへの揺れる思い、気分の浮沈が強くなっている。

やがて、教室に次々と事件が起こる。その中心にAくんがいた。元担任の先生と自分に見せる顔の違いにも百合子さんは戸惑い、悩む。

学級は集団である。教師と子どもの関係、子どもと子どもの関係が複雑に絡み合い、教室の空気をつくる。誰がやっても難しい仕事である。百合子さんの心は乾いていく。

いっぽう、授業準備が間に合わず、なかなかうまく進まない悩みが深まっていく。

月末から、養護教諭の勧めでAくんの記録ノートをつけ始める。

◇五月六日（木）

【研修記録】連休明けで、私は子どもたちの様子をとても心配していたが、明るい表情で登校する子が多くてほっとした。

家庭訪問では、一番心配していた外国人児童二名の親たちと話ができてよかった。一人は最近とてもがんばって勉強し、生活が落ちついているので、そのことを話した。もう一人は忘れ物について親が心配していたので、宿題などについて親の協力を求めた。

◇五月七日（金）

【研修記録】子どもが「悪口を言われた」ことについて保護者から手紙（連絡帳）がきた。家庭訪問では「登校中いじわるをされても仕返しがこわくて何も言えない子」や「円形脱毛症になりかけている子」がいると、親の話を聞いて初めて知った。なぜこんなにも多くの問題が起こるのだろうか、と打ち拉がれた思いになる。「あせらず、あきらめず」

◇五月一〇日（月）

【研修記録】週初めで緩慢な雰囲気はあるが、緩やかな一日だった。道徳で「友だちに言われて嫌だった言葉」「友だちに言われてうれしかった言葉」を出して、その時の気もちを言い合うことで、自分たちの「言葉」について考えてほしいと思っていた。…これからの指導につながっていくといいが…。

◆五月一一日（火）

【研修記録】自分のやりたくないことに対して「嫌」「何でこんなことやるんだ？」などの発言は四月当初から稀にあった。しかし今日は一部の子どもたちの中に調子に乗りすぎた調子で「嫌だ」「やりたくない」ということを言った。どこまで話して聞かせたり、軽く受け流したりすべきか、どこからきつく叱るべきか、わからなくて困る。私は子どもたちに試されているのだろうか。心のなえる一日だった。

◆五月一二日（水）

【「なっとうく会議」記録】各学年の状況報告――四の二（注・百合子さんの学級）だめなことはだめといえる教師に。

〔注〕「なっとうく会議」とは管理職と学年・生活・研修主任などによる情報交換会議。ほぼ毎週定例で開かれ、参加者によって議事録が作成されていた。

◆五月一三日（木）

【研修記録】抜け落ちたように気力がなかった。自分ではどうしようもなくなって、三時間目から他の先生に来ていただいた。昼休みや放課後などに、いろいろな先生とお話しをして「帰りたいと言えない自分」に気がついた。「学校でやる仕事」と「家でやる仕事」を自分にあった配分で出来るよう時間調整をしようと思う。

◇五月一四日（金）

【研修記録】昨日私が落ち込んでいたことで、子どもたちなりに考え、計画し「先生を励ます会」をひらいてくれた。その気持ちはとてもうれしいし、担任はいいなと初めて感じた。

◇五月一七日（月）

【研修記録】子どもたちなりに、私に気をつかって「しっかりやろう」など考えているんだと感じる。やさしい子たちだ。だけど、自分の中に鉛のように重い何かがある。それが何なのか、なぜなのかわからない。

◇五月一八日（火）

【研修記録】いろいろなことに見通しが持てないようで、漠然と不安がある。今日は子どもたちのいいところが自然に見えた気がするが、一方でなにか疲れていて不穏で元気のない自分がいる。

◆五月一九日（水）

【研修記録】必ずしも「張りがある声で、勢いがあること」だけが良いのではない。元気でいなければいけない、と思って疲れてしまうのであれば「ゆっくりしっとりした落ちつきのある授業」をすれば良い。それが教師の個性の一つである。

【母の記録】この頃、百合子は疲れて頭痛がすると言ってバファリンを飲み、市販の睡眠導入剤を使ってみようかと話す。

◆五月二〇日（木）

【研修記録】先日、O先生にしていただいたお話しは私は強く心を揺さぶられたので、その話しを総合的な学習の時間の中で話そうと思った。しかし、語れない。すごく感動的で、力強くて「自分」に関わる生きた話しのはずなのに、私が語ろうとすると、抽象的で、説教くさくなってしまった。同じ内容でも、自分で咀嚼して、自分の体験を通して語ると全く違う。

▪体の健康…少し調子が悪くても、学校にいる間は緊張しているので無意識のうちに多少のことは我慢してしまう。あまり調子は良くない。

▪心の健康…疲れで心がトゲトゲしている。

◆五月二四日（月）

【研修記録】①まず子どもたちを愛すること。②全員に毎日個別に声をかけること。スキンシップをとること。③昼休みは子どもたちと遊ぶこと。④授業を工夫すること。

◆五月二五日（火）

【研修記録】Aくんがdくんの腕をかんだ。今までの流れやそれぞれの思いがあり、そのようになった。養護教諭の先生と話した。明日からAくんの記録をつける。

◆五月二六日（水）

【「なっとうく会議」記録】四の二　教師に笑顔が少ない↓みんなで声をかけていこう。

【A君ノート】腕に数十個の「×」がついている。帰りの会の頃に「おらのマークが決まった」腕にかいたマークを担任に見せにくる。にこやかな顔。腕の「×」は傷とのこと。昼休み、水筒のひもを何度も何度も自分の首に巻く。笑っている。授業中はしゃべっている。何度か声をかける。一時的に黙ることはあるがすぐにしゃべったり、ひもを首に巻いたりする。国語は教科書を出し、ノートも出せた。

〔注〕百合子さんは養護教諭のアドバイスを受け、この日からAくんの学校での様子をノートに記録することにした。【A君ノート】はそこに記入された図解入りのメモ書きから要点を収録したものである。

◆五月二七日（木）

【A君ノート】男子トイレの掃除中、水がかかったことに腹を立て、掃除場所にいた子たちを全員並ばせて謝らせようとする。

◆五月二八日（金）

【研修記録】久々に気もちのいい一日だった。今日のような毎日でありたい。

掃除中にベランダから下へ水を落として（ふざけてやった）叱った。幼稚園との交流会があったせいなのか、Aくんはとても落ちつきがなかった。Xくんは調子にのって遊具に飛びついて滑り、地面で頭を打った。他にもいろいろあった。でも自分の気もちが明るい日だった。子どもたちの表情も明るい一日だった。今日のような毎日でありたい。

【A君ノート】挨拶直前に隣の席の子の教科書や筆箱を机から落とす。それで女の子が泣く。幼稚園との交流での歌（照れて？）へんな替え歌を歌う。給食をいすに並べて食べようとする。朝から体調不良だが著しく落ち着かない。すぐに席を離れる。いすで食事をとった。歌を歌ったり、Dの頭を遊んでたたく（痛くない程度に）ことをする。

トイレ掃除では、スポンジに便器の水をつけてトイレの床をぬらす。かなりびちょびちょ。

◆五月三一日（月）

【研修記録】自分の授業が下手だから…それはそうだけど、教室内の重い空気になんともいえない息苦しさを感じる。子どもを愛すること…できているのかな。

【A君ノート】練習問題をやらない。漢字ドリルを机の上に出さず、教科書やノートに落書き。注意しても止めない。

給食用のストローの袋を持って逃げる。他の子に入れさせないようにして楽しむ。

Jの首に腕をかけてからかう。窓を閉めようとしたDの椅子を揺らし倒す。Dは頭を打って保健室へ。

六月

◑百合子さんの心身の疲労は限界を越え始めていた。荒れを見せ始めたクラスの子どもたちをどう指導すればいいのか、初任者として担任として課題と時間に追われ、十分な教材研究ができず、授業が思うように作れないことも彼女の苦悩を深めていく。そうした苛立ちと疲れはいつか子どもへの嫌悪感を芽生えさせる。教師にとって危険な信号である。

しかし、教師の気持ちはお天気に似ている。晴れたり曇ったり、雨雲に覆われる日もある。そして小さな青空が覗く。百合子さんにそんな一日もあった。

そして、百合子さんは助けを求めていた。初任者研修は彼女にとって救いとなることもあったが、同時に物足りなさも感じていた。

初めての教師体験とその悩みを理解し、支えてくれる同僚が必要だった。だが、現実に得たのは彼女が求める援助とは正反対の叱責の言葉だった。彼女の心の叫びは痛ましい。

◘六月一日（火）

【A君ノート】防災頭巾をかぶり、上着を脱いでふんどしのようにする。制止しようとするが聞かず、周りで「面白いからいいじゃん」と仲間がはしゃぎ、授業にならない。疲れた。

◆六月二日（水）

【研修記録】月曜と火曜日、私の体も心も重かった。授業の雰囲気もイマイチだった。Aくんは荒れて（はしゃぎすぎて）、数人の児童がそれをはやしたてていた。つかれた。

帰宅後、私は寝た。授業の準備よりも、その日の「ふり返り」よりも先に寝た。そして今日、まったく準備ができていないままM先生に参観していただいた。案の定、授業はぐちゃぐちゃ。私は悲しさと子どもへの憤りでいっぱいだった。

【A君ノート】ドッジボールで当たっても「当たってない」と言い張り、外野に出ず、勝手にボールを取ったり、投げる。社会の授業と給食中、窓を閉めようと窓枠に乗ってなかなか降りない。

給食前、男子数人をたたく、つきとばす。

指導しても「おら、しらない」「おら、〇〇やっただけ」などとおどける。

【「なっとうく会議」記録】四の二　元気すぎるぐらい元気な先生をめざして。

◆六月四日（金）

【研修記録】音楽の授業を参観させていただいた。曲想を味わい、歌い方を工夫する、という授業だった。私は子どもたちの意見をまとめていくことが苦手で「言いっぱなし」の発表になってしまうことが多い。子どもの意見を生かしながら、発展させたり、まとめたりするには、教師の表に出さない意図が重要だと感じた。これは音楽にとっても他の授業にとっても同じなのだと思う。やはり教材との対峙が大切なのだなと感じた。
【母の記録】百合子は、クラスの子どもたちの様子を嬉しそうに「この子はここが良くなった。またあの子はこれができるようになった」と名前を挙げながら次々と話した。そして、「Aくんはまだスタートラインにもついていないんだよ。まず、病院に行くところから始めなきゃ」と辛そうに話した。

◇六月七日（月）

【研修記録】子どもたちを嫌いではない。でも、クラスの子たちを受け入れる心、愛する心が今の私にはなかった。きっとそれがうまくいかない一番の原因。目の前の子を愛することをしたい。

◇六月八日（火）

【研修記録】子どもたちの表情が昨日よりずっと明るい。理由は水泳があったり、天気がよかったりしたからだろう。きっと私が変わろうとおもっていたことも関係していると思う。一歩一歩前に進みたい。

◇六月九日（水）

【研修記録】五校時の社会は、いつもふざけた雰囲気があり、叱ることが多い。何かやろうとしても、茶化したり、だらけてしまう。今日も導入のときにTくんなどがわざとふざけた言動をとるので私は怒った。しかし活動（校内の蛇口を数える）に入ると、驚くほど子どもたちが喜んで調べた。そのはりきった様子や、教室に戻ったときの表情が輝いていて私はびっくりした。「めあて」をもったら、その活動にすぐ入ることを社会科でどのように実践したらいいのか、少しわかった気がした。

【「なっとうく会議」記録】Kさん（注・百合子さんのこと）…家庭はキリスト教、毎日曜日教会へ出かける。思いこみ激しい、つまらぬプライド強し。

◇六月一〇日（木）

【研修記録】Dくん、Xくん、Hくんの三人が、おたまじゃくしの水槽にザリガニを入れた。Aくんがザリガニ用の水槽を取りに行っている間に三人がおたまじゃくしを隠した。Aくんはおたまじゃくしがザリガニに食べられてしまったと思い、暴れて怒った。H先生が入って話してくださった。Aくんはおたまじゃくしが「かわいそうだ」と泣いた。昼休みに、Aくんが牛乳パックをふみつけて、床を牛乳だらけにした。P先生が指導してくださった。私が教室に戻ったときには、Aくんはニコニコしていた。

◆六月一一日（金）

【研修記録】保護者による読み聞かせがあった。その最中、Aくんが立ち歩き始めた。前担任のP先生がAくんを連れていき、二人で話した。Aくんは「このごろ、自分がどうして悪いこと（落書きや立ち歩きなど）をしてしまうのかわからない」とP先生に話した。Aくん自身、今、とても自己評価が低いとのこと。昼休み、Aくんが牛乳パックを投げて（?）床が牛乳でびちょびちょになる。P先生が指導に入って下さった。

【A君ノート】Aくんが床にまいた牛乳はクラス全員で拭く。算数の時、導入がかんたんで「先生、おらたちばかにしてるの?」を連発。しかし意味がわかっていなくて計算できない。

◆六月一二日（土）学校公開日

【研修記録】Xくんが「Aばっかりずるい。それならオレもAみたいにする」と言った。Xくんとゆっくり話したかったが、Xくんの気もちを十分にきけないまま帰ってしまった。

【A君ノート】国語、漢字辞典の使い方のビデオを見せると、大声でいろいろなことを言う。算数、ほとんどやらないが、ノートは開く。体育の水泳でコースロープを超えて何度も横断。個別に隅で注意するが「わかった？」と聞くと「たぶん」と答える。その後も数回コースロープをくぐり他児の泳ぎのじゃまをする。Ａの家は参観には来なかった。

◆六月一五日（火）

【研修記録】土曜のＸくんの発言が気になっていて、Ｘくんと話したかったが欠席した。放課後、予定を届けるついでにＸくんの顔を見に行ったら元気そうだった。「母に甘えたい時に欠席する」（前担任の話）とのこと。学校で私とＸくんの関わりを増やしたい。Ｘくんが休むと、教室が穏やかで、Ａくんも比較的に落ちついていた。やはりＸくんとの関わりが鍵になるのかなと思う。

◆六月一六日（水）県の初任者研修（全日）

【研修記録】義務教育課長の講話で、「志とは、ろうそくに灯をともすようなもの。ろうそくがあるだけでは意味がない。火を灯して初めて光り輝く。だから子どもの志に火を灯す教師になってほしい」という話しがあった。

今の私は、教師としての明確な目標や理想がない。でも目の前のことを精一杯やっていればいつか志（目標や理想）が生まれるのだろうか。

学校はXくんも登校し、Aくんも（割と）落ちついていた、とのこと。ほっとした。

◇六月一七日（木）県の初任者研修（全日）

【研修記録】講義をされた先生の実践の中で、初任の頃、クラスの子どもの名前を書き出して、どうしてその子が毎日「前の方なのか」「後なのか」「中頃なのか」を考えた、というものがあった。その話しが心に留まったので、夜やってみた。クラス全員の名前が挙がったことに、まず安堵してしまった。

X、A、D、Y、Hに始まり、M、K、S、Tで終わった。やってみて、なるほどと納得した。しばらく続けて見ようと思う。

◇六月一八日（金）

【研修記録】研修中、初任者同士でたくさん話ができてよかった。でも、何か物足りなさも感じていた。研修を終え、Y先生とお話しする中でそれが何なのかわかった。

初任者同士、悩みや思いを共有したり、他校の様子を聞いたりできた。しかし、「困った」「大変だ」「つらい」「疲れた」というエピソードや、「子どもを理解する」「ほめる」「認める」「一人一人を大切にする」などの言葉だけで具体的な実践のない話しばかりだった。初任者同士なので仕方ないかもしれないが、「こんな授業をしたら、子どもの反応がよかった」「この題材をとりあげたら、子どもが真剣に考えた」というような話しをしたかった。そんな話しを気軽にできる同年代の先生（仲間）がほしい。もっと自分から周りにそんな話題を提供したり、自主的な勉強会に参加したりしようと思う。切磋琢磨する教師の仲間がほしい。

このように思うのも本心だけど、無意識のうちに、こう思わなくてはいけないと感じているようにも思う。私が本当にほしいものは、「ま、いっか」という気もちかもしれない。

◆六月二一日（月）

【研修記録】久々に子どもたちと会う。前日、私は不安で不安で仕方なかった。気持ちの整理をして、不安いっぱい期待いっぱいで学校へ行った。子どもたちとの出会いはよかった。…が…Aくんの集会中の言動や周りの子どもたちがAくんを挑発するような言動を繰り返すこと、教室での落ち着かない雰囲気にがっくり疲れた。

【A君ノート】全校集会で隣の子を叩いたり、体当たり。横に寝たり、後ろを向いたり、あまりにひどいので木村が隣に座ると叩くのは止めたが床に寝たり後ろを向いたり。

体育の跳び箱を跳んでいるところを横から入るので危ないと話し、やめるように言うと「たぶん」と答えるばかり。体も顔もそらして話そうとしないので肩を押さえて話そうとすると「痛い、離して」「先生、殺す気」と大声で何度も言う。体を向けさせても顔をそむける。会話にならない。私の言葉が届かない。いつもこのような調子。

◇六月二二日（火）四年生社会科見学（全日）

【研修記録】一部の子どもたちが調子にのりすぎてバスの中で動き回ったり、相手が嫌になるようなことを大声で言ったりした。

事前指導ができていなかったし、普段の指導ができていないのだろうが、私の注意はほとんど聞かず、大騒ぎが続いて、どうしたらいいかわからない。疲れ切った。

【A君ノート】社会科見学。Aの隣が空席だったので、木村が座る。落ちついた雰囲気で出発。新しいリュックがうれしいらしい。それをいじっては笑顔で木村に話しかける。

浄水場に到着後、友だちと言い合いになり、とても興奮しているので木村が入口前で落ちつかせてから入ろうとするが「離して」「苦しい」「殺す気？」など大声で言い、もがいて逃げようとする。帰りのバスで、走行中Aはふざけて通路に出ようとするので二〜三回つかまえて座らせる。いつも興奮した後の言葉「あっそ」「ふーん」「だから？」

◇六月二四日（水）

【「なっとうく会議」記録】四年二組　授業を見てほしい。（ガードマン的対応）教頭、P先生が授業に入る。他は空き時間を利用して。

◇六月二五日（金）

【研修記録】ある先生が私に「給料もらってるんだろう、アルバイトじゃないんだぞ、ちゃんと働け」と言った。この発言には、この先生の意図や思考の流れ（思い）があり、この部分だけとりあげると語弊を招く。

しかし、この言葉は私の心に突き刺さった。夜中になって、私は思った。この三カ月間、私は元気のない日もあったし、授業ができなくなって助勤に入っていただいたこともあった。授業も下手だし、指導ができていないところもたくさんある。他の先生方にたくさん助けていただいたし、特に四年生の先生方にはいろいろ教えていただいた。新採だから、という甘えた気もちも持っていたと思う。

けれど、私はこの三カ月、自分の最善を尽くした。そのことだけは胸を張っていようと思う。

【同僚の証言】P先生が百合子先生を廊下に呼び出して、すごく怖い顔をして百合子先生を怒っていた。少し離れた場所にいたので、どのようなことを言われているのかまでは分からなかったが、明らかに百合子先生がP先生に「怒られている」という状況だった。

【P先生の証言】一時間目の授業の前に本人が教室にいるのに四年二組の教室が騒然としており、児童に何をしているのか尋ねても分からないと答えるので、本人を廊下に連れ出し「一体何をやっていたの」と聞いたところ、「え、八時三五分から一時間目だから休んでいました」と答えたため、「アルバイトじゃないんだぞ」と発言した。「しっかり働け」については定かではないが、流れの中で言ったかも知れない。

〔注〕「証言」はいずれも裁判資料による。

◇六月二九日（火）

【研修記録】特別教室の使用に関係して、総合的な学習の時間ができなくなった。総合的な学習の時間にやるパソコンを楽しみにしている子たちは多い。今日の代わりに金曜日の二時間目にパソコンをすると私が言っても、不満をいっぱい言って騒いだり、わめいたりする。気もちを受けとめるといっても対話にならない。

【A君ノート】時間割を金曜日と変更したら「いやだ」とわめき、騒ぐ。一方的に自分の思いを言うか、班の考えを書く紙に一人で勝手に絵を描く。給食を取りに行かず、挨拶の頃になっても絵を描いていてやらない。何度も声を掛けて、「食べないなら配膳を片づける」と言うと「今やろうと思っていたのに。ほんとにいやになる」と言う。私はとても腹が立つ。

【母の記録】この頃から、百合子の表情に暗さのある時が目立つようになった。

◇六月三〇日（水）

【A君ノート】国語で『白いぼうし』を範読している最中、A、X、Dらが声を出して読む。感想を書くとき、踊る。M先生が肩を押さえると座る。すぐに立ってまた踊る。（何度も繰り返す）

七月

◐百合子さんに暑い夏が始まっていた。学期末の担任は超多忙である。授業の進度に焦り、成績評価や通知表に追われ、保護者会や面談の準備を進めなければならない。特に、まだ実績もなく信頼も十分には得られていない新採教師にとって、年上でもある保護者にどう向きあえばよいのか、通知表に何を書けばいいのか、不安は大きい。

いっぽう、Aくんの問題行動はエスカレートしていく。学級にはAくんをはやしたて、パニックをあおりたてる子どもたちもいる。Aくんにどう対応するのか、クラスをどうまとめていくのか、百合子さんに眠れぬ夜と悪戦苦闘がつづく。それでも彼女は悩み抜きながら、Aくんの生育歴や発達のもつれを理解しようと努め始める。

この頃、百合子さんは気分の転換をはかろうと、多忙の中、「ベトナムの会」に出かけたり、夏休みにはパプアニューギニア行を計画したりしていた。

◇七月一日（木）

【研修記録】Aが穏やかに過ごしているようだったので、本当に驚いた。上級生としての自覚なのか、花やグループ構成など、いろいろなことがうまく合ったのか…。他の四年生も四年生なりにペアの子の面倒を見ながら活動していて感心した。

◇七月二日（金）

【研修記録】何とも言えない苛立ちを抱いていて、その原因が学級内のことであることはわかっているが、その明確な要因がわからない。

今日の苛立ち

Aくんのこと

・漢字の定着の低さ↓漢字テスト追試に対する態度の悪さ、宿題の提出率の低さ、授業での漢字指導の仕方に対する不安。
・わり算のテストで点数が低いのでは…という不安↓練習問題のとき、ふざけてやらない数名がいた。（うまく指導できなかった）単元全体として、うまく授業ができなかった後ろめたさ（焦りになる）

【A君ノート】漢字テストの追試が嫌だとわめく。
算数テストは「わからない」とほとんどやらない。

◇七月五日（月）

【研修記録】心がぱさぱさし始めている。こんな時、子どもと距離をおいたら（一〇分休みや昼休みに宿題の処理などのために子どもと関わるのをやめると）もっと自分の心が乾いたことを思い出した。（六月初め）。昼休みに、どうしてもやりたいことがあって、外には行けなかったが、一五分くらい教室でだるまさん転んだをした。なかなか外では一緒に遊べない子も加わり、よかった。

【同僚によるA君のメモ】Aくん「腹減った！」「面倒臭い」「やりたくない」「ストレスたまるんだよー」などを大きな声で連発。話を聞くと、朝食はシリアルのようなものを少し食べてくるだけの日が多いと言います。母親はＡＭ五：三〇～仕事に行くので、朝は会わないそうです。祖母が見送ってくれるらしいです。夕飯はみんなで食べるそうですが、母親の帰りがＰＭ六：〇〇を過ぎることもあると言っていました。淋しいと思います。Ａくんはもっと母親に甘えたいんだと思います。でも、それが出来ないので（愛情不足ということになり）精神が安定しないのでは？いつも自由帳に絵を描いていますが、それが一番のストレス発散というか、落ちつくようです。

〔注〕この「メモ」はテスト直し中に同僚女性教師が一対一でＡくんから聞き取り、百合子さんに渡してくれたもの。

◇七月六日（火）

【研修記録】Ａくんへの対応（指導も含めて）がしきれない。本当に困る。Ａくんら五人が「悪い」とわかっていながらやり、私が普通の口調で注意しても、わがままを押し通したり、大声で屁理屈をわめいたりすることが困る。些細なことなのに、その度ごと本気で私が怒らないとわがままや屁理屈をやめない。その度、怒ったら、私は気が狂いそうだ。諭すことが大切だが、普通の口調で言えば五人は調子に乗り続けていて、会話にならない。指導する時の、「話し方や話の内容、ニュアンスも含めた雰囲気」を他の先生から見て学ぶことが大切で、真似してやりながら徐々に身につけていくのだろうと思う。……がしかし、このストレスにいつまで耐えられるのか…と思う。

【A君ノート】パソコンのキーボードを壊す。係以外は書かない約束の後ろの黒板に勝手に描いた絵を消されたと腹を立て、男子を執拗にたたく。前にも同じことがあったので一対一で話すが、その間、木村の腕を何度もかじる。自分の絵がいいからと主張。

帰りの会前、「何で漢字一ページなの!?」と大声でわめき、木村の腕をかじりながら（何度もかじって「痛い、痛い」と伝えるが自分が話すことに夢中）「三年の時は半ページだった。やんないからね」などと言う。

【母の記録】百合子は、この頃かねてより気分転換にと計画していた夏休みのパプアニューギニア行きも学年主任から「教えてもらっている身だからよくない」と言われ取りやめる事になった。

◇七月八日（木）

【研修記録】ずい分子どもたちに助けられているのだと思う。

◇七月九日（金）

【研修記録】毎日毎日、積み重ねていくことが大切で、うまくいかないことも積み重ねていけばいつか変わるかも知れない。

【母の記録】百合子は学校が終わってから夜「ベトナムの会」静岡へ行く。帰ってから「疲れていたけど行ってきてよかった。小山先生が東部小学校に講演に来てくれるって」と言う。

〔注〕「ベトナムの会」とは「ベトナムの『子どもの家』を支える会」のことで、元東京公立小学校教諭・小山道夫氏を中心に一九九四年に発足した海外NGO。フエ市周辺のストリートチルドレンの自立支援のため、「子どもの家」を建設、その運営を支援している。百合子さんは学生時代からこの会に積極的に参加していた。

◆七月一一日（日）家族参観日

【研修記録】Aくんがパニックをおこした。（詳しくは記録に）隣のクラスで授業をしていたB先生が他の先生を呼びに行ってくださり、S先生が来て対応してくださった。本当に、ありがたかった。

【A君ノート】朝、五年生が来て、水泳選手を励ます会の練習。Aは歩き回る。大声で違うことをする。やらせようとしてもやらない。朝の会で配られたプリントを後ろへまわさない。自分のプリントを床に捨てる。木村が何度も拾っても拾って渡しても繰り返し捨てる。「汚れる」と叫んで机を逃げるように動かす。グループ活動を始めるが嫌がってやらない。大声を出す。木村がAと話そうとするが、近づくと「近づくな」「けがれる」と叫ぶ。会話にならない。このまま続けるのは不可能と判断し、Aを理科室前へ連れて行くが騒ぐ、わめく。理科室に入るが力ずくで出て行こうとする。「先生、教師失格」「先生、それでも教師!?」「いやだ」逃げて教室へ。一組の先生が「呼びに行きましょうか」と他の先生を呼びに行ってくれる。

Aとベランダで話す。「絶対家に電話しないでよ。迷惑だから」「迷惑って言ってるでしょ」と言う。S先生が家に電話。母が来てくれるという。

教室に入り、席に着く。「前と後ろに一生来ないで」「先生が来るとストレスたまる」「けがれる」「命かけろ」「うわ」床にチョークで木村が入ってはいけない範囲をかく。前の黒板に赤で「木村後ろにくるな」と書く。三時間目、体育の跳び箱中、勝手に跳ぶのでやめさせる。横入りで並ぶ。他の子が「横入り」と言うので、木村がAをとめると木村の腕を赤くなるほど何度も叩く。「痛い」と言っても聞かない。「いいって言ったもん。Mが」。木の棒に登ったり、バスケットゴールに登ったりしながら過ごす。五時間目、母が来て、Aはにこにこ参加。ちょっと甘えたようにくっついている。

◇七月一四日（水）

【研修記録】教員の本務は授業であって、他のどんなことも授業（教材研究）ができない言い訳にはならない。しかし、今できていない。自分の生活リズム（時間配分）を見直していこうと思う。

【A君ノート】朝、応援練習が始まるが無視して本を読む。何度か声をかけても動こうとしないので木村が廊下へつれていく。もがいて暴れて教室へ戻ろうとする。わめく。木村、理科室へつれていく。A、やたらめたら腕をふりまわして木村をたたく。「さわるな」「きめぇ」「それでも教師!?」興奮してわめく。他の先生が来て下さって声をかけるがAの耳には届かない。

◇七月一五日（木）

【研修記録】Aくんが、女の子の顔をグーで叩いて、その女の子が泣いた。ゴキブリを追いかけて、ふりあげたほうきが、近くにいたDくんの目に当たったので、Dくんが目医者へ行った。学校に戻ってから、Dくんは不安定で、給食前に（漢字ドリルの書き直しが嫌で）床に寝転んですねて泣いた。毎日、いろいろなことがある。（＊A、Dら四人の家に電話）

【A君ノート】応援練習はふざけながらも参加できる。三時間目、AがGの顔をグーでなぐり、Sのこともたたいた（?）。他の子がGさんが泣いていると木村に言いに来る。木村、Aや他の子から話を聞き、Aに話そうとするが「二対一なのに?」などと言って自分が悪いとは思っていない様子。しばらく話しても聞きそうにないので他の先生を呼びに行く。学年の先生、A、G、Sが保健室で話す。教頭も入る。夕方、Aの家に電話。六時半に祖母、七時半に母と話す。

◇七月一六日（金）

【研修記録】昨日電話したことでAくんは朝からとても機嫌が悪く、大変な一日だった。Aくんや他の子どもたちと私との信頼関係はまだできていないのか…と思う。信頼関係をつくるのは難しい。

【A君ノート】朝、A、隣の席のSに箸を向ける。木村が手を出して止める。A、「やらない」（箸を向けただけでつつかないという意味のよう）。「学校のことは学校で解決して。木村先生は大げさすぎるとお母さんが言ってた」「家に電話かけるなって前にも言ったじゃん。うそつき。かけたら殺すって言ったじゃんか」「家に電話してほしくなかったんだね」などと言うと「あたりまえじゃん、はりとばされる」というようなことを言って、「かけたら殺す」など。

五時間目、テスト。Aは絵を描いている。「テストやりなさい」と言っても「わかんない」「だから、わかんないって言ってるでしょ」と言う。「ばかだからわかんないの」（ふてくされたように）

帰りの会の前に、X、Aが木村に不満を言う。

「木村先生は女子に甘い。男子ばかり怒る」「すぐに家に電話するし、すぐ他の先生に言う」「席替えしろ」「木村のおせっかい」

◇七月一七日（土）

【母の記録】百合子はパソコンメールで、ＡＤ／ＨＤについて詳しい人に学校のことを相談していた。

【送信メール】H様宛

《H様　ご無沙汰しています。二年ぶりになるかと思います、木村百合子です。初めてメールを送らせていただいたのは、静岡大学の学生の時でした。それから、幼稚園で非常勤講師をし、小学校の補助員をし、今年度から教員となりました。今は、地元の小学校で四年生の担任をしています。

私のクラスに大変衝動性の強い子がいて、その言動は明らかにAD／HDであろうと思われます。しかし、四年生になるまで専門機関への受診はありませんでした。それどころか、保健室や生徒指導にも情報が伝えられずにきました。すでに本人の自己評価はとても低く、「自分でもどうしてそのようにしてしまうのかわからない」とその子自身が前担任に話しました。この子もとてもつらい気もちを抱えて生活しています。私も大変です。その子の辛さを受けとめてあげようと思っても、その子から日々浴びせられる暴言に心が萎えていきそうです。その子の周りでトラブルは山のように起こりますし、その子がパニックを起こしたり、他の子に危険があったりすると体で止めているという状態です。本当に必死な毎日です。（いい状態の日もあるのですが、ここ数日は特にひどかったのです）

私自身（自分で言うのは図々しいでしょうが）本当に一生懸命やってきました。言い換えれば、必死にならなければ毎日を過ごせない状態でした。そうして過ごしてきて、ある先輩教員（その児童の前担任）からは「悪いのはA男ではない。おまえだ。おまえの授業が悪いからA男が荒れる」と言われ、生きる気力がなくなりそうに感じました。（その教員は、去年からA男がAD／HDの可能性が高いと認識していたにもかかわらず…）

養護教員の先生は、AD／HDに詳しく相談や助言をして下さいます。これから保護者と話をしていって、専門機関への受診を勧めていきたいのですが、まだ時間がかかりそうです。（そのためにA男の記録を五月末からとってきました）一刻も早く、保護者の理解を得たり、専門機関と連携したりしていきたいと切に願っています。

苦しくて。

苦しくて。

苦しくて。

苦しくて。

保護者の方が、その子の生まれ持った「つらさ」を理解してあげていることが、その子にとってどれ程幸せなことだろうと思います。

Hさんには「私には到底理解しえない思い」があったのだろうと思いますが、それでもお子さんにとっては、お母さんが「つらさ」の一端でもわかってくれたらどんなに救われることか、と思います。

ＡＤ／ＨＤに対する正しい認識が広がっていくことを願います。そのために何かしたいと思います。》

◆七月一九日（月）

【母の記録】百合子が「静岡大学の渡辺保博先生にＡくんのことやクラスのことなどを相談に行ってくる」と言って、行った。

夜中、母親の私は、「わあわあ」大泣きしている声で目がさめ、しばらく様子を見ていたが泣き続けているので、「どうしたの？」と声をかけると百合子は「ううんちょっと」と言って居間から自分の部屋に戻った。

◆七月二〇日（火）

【研修記録】毎日、些細なことから大騒ぎ（叩いたり、わめいたり）になってしまう。私の言い方や気のかけ方で子どもの気もちも変わっていくのだろうと思う。先輩教員を「見て学ぶ」ようにしたい。

【Ａ君ノート】朝、Ａ「今度電話したら家には入れなくなる。ぜったい電話しないでよ。家に入れてもらえなくなる」と言う。

Kが A の背中をさわる。J が A に「K が A に鼻くそをつけた」と言う。A が怒って K を叩いたり、蹴ったりする。木村がとめる。K が泣く。「(鼻くそ) つけてない」A「まーちがいない」「有罪」など (テレビのキャッチフレーズ) 何度も叫ぶ。

◇七月二一日 (水)

【研修記録】子どもの発表や活動をほめ、認め、励ますことを心がける。そうすることで、子どもの意欲は変わってくる。そして意図的に指名しながら、子どもの言葉 (発表) で考え、まとめていけるように。

【A君ノート】朝、A が M をたたく。木村「なんでたたいた」(叱る) A「ストレスたまるから」木村「ストレスたまったら叩いていいの」A「いいわけないじゃん、先生何言ってるの」「いたい、いたい」(木村が持っている肩) 過剰に叫び、わめき、逃げる。私の話を全く聞かない。

◇七月二二日 (木)

【研修記録】長期休暇前になり、授業進度が間に合わなくて算数の授業が多くなってしまっている。年間指導計画に沿って進められるようにすることが、難しいけれど必要だと痛感している。

国語もまだやっていないことをかけ足でやるというあわただしい日課になっている。九月からもう少し計画的に進めたい。

◇七月二三日（金）

【研修記録】学級経営や道徳について、年度初めにつくった計画に対して反省し、クラスの様子や自分の指導をふり返ることが大切である。私にとって長い四カ月だったけれど、ふり返ると短い。各教科同様、年間を見通した視点をしっかり持つために、まずこの四カ月を見直す。

【母の記録】百合子は夜中「わあわあ」大泣き。

◇七月二六日（月）

【研修記録】養護教諭の先生からAD／HDに関する本をお借りして読んでいる。Aくんに怒鳴ることがこの頃多い。自分の関わり方について見直すとともに、Aくんの理解をすすめたい。個別面談にAくんの母がきてくれることになった。焦ってはいけないが、有意義な話し合いにしたい。

【A君ノート】（Aくんのテスト答案コピー）
しっかり確認・わり算　名前（　バ　カ　）

答えの欄（お）（ま）（え）（は）（バ）（カ）（だ）(!!!!)

【母の記録】百合子は、「Aくんのことは公の面談の時を使ってお母さんに話さなくてはいけないと言われている」と言って、「夏休みの個人面談は希望者だけなのでAくんの家で面談の申し込みをしてくれるといいんだけど」と心配しながら待っていた。そしてAくんの家から個人面談の申し込みがあったと喜ぶ。

◆七月二七日（火）

【研修記録】通知表の評価を見て、子どもたちがどう反応するかとても気になっていた。私が予想していたよりも動揺が少なくて意外だった。一、二ステージの成績をもとに九月からの生活で、よりよい生活態度や学習の取り組みを目指してほしい。

【A君ノート】一時間目、草とりのとき、とんぼを追いかけたり、他の子をたたいたり。走ってきて木村の腹にのばした腕（こぶしの部分）をあてる。木村は痛くて立っていられないほど痛い。突然のことで何が起きたかわからない。木村はしばらく（一分くらい）うずくまっていて、やっと立ってからそちらを見るとAがにこにこ（？）立って見ている。Aは木村に謝ろうとしない。木村、叱る。A逃げる。悪かったとわかっているようだが素直に謝れない。逃げる様子は半分遊んでいるよう。

◇七月三〇日（土）三日間の初任者研修最終日

【研修記録】（前略）自分が事例に挙げたAくんのことについては、すぐに解決することはないと思うので、根気強く取り組んでいきたい。研修で学んだことや初任者の人たちからもらった元気を九月からの活動に生かししていきたい。

八月

◑近年、教員に「夏休み」はほとんどない。保護者面談、補習、校外学習、クラブ指導、プール指導などの他に、新採教師にはびっしりとした日程で初任者研修が組まれている。

百合子さんは、教育委員会主催の四日連続の初任者研修や、保育園・児童館での二日間の社会奉仕体験などの研修が続き、「研修実践記録」は八月もほぼ毎日さまざまな活動と感想で埋められている。

この時期、百合子さんの心身はすでにかなり蝕まれていた。彼女の日記は、健康な心が悲しく失われつつあることを示している。

◆八月二日（月）

【A君ノート】A君の母と個人面談

〈生育歴〉

二歳＝うまく喋れず、かむことが多かった。

四歳＝六カ月くらい、毎日いろいろな子をかんだ。その都度、母が謝りに行った。

四歳＝両親が離婚（別居）。父はよく子どもを殴った。父が幼い頃も、Aのように他の子をかんだらしい。幼稚園では「子どもらしい子どもですね」と言われていた。

小学校三年＝友だちの傘を折った。（自分の傘をとられそうになったので、それを防ごうとした）傘の代金を弁償した。物を大切にするよう（母が）指導している。

「昔の子どものような子ですね。今の子はおとなしいのが普通になっているが、自分たち（前担任）の子どもの頃はこう（Aのよう）でしたよね」

【母の記録】百合子が明日のために学校より電気スクーターを借りてきた。帰ってくるとVサインをしながら「Aくんのお母さんとの面談は大成功だったよ」と言い、「あのね、家庭での様子を聞いて、Aくんのお母さんから『どうしたらいいんでしょうか』っていう言葉をうまく引き出せれたの。それで、『じゃあ養護の先生に相談してみましょうか』って言って養護の先生に後を頼んだの。お母さんが病院へ申し込みしてくれることになった」などと話した。

◆八月一〇日（火）

【母の記録】百合子は「Aくんのお母さんは病院に申し込みしたけど、予約が一〇月の終わりなんだって。病院に行ったからってすぐに治るわけじゃないからまだまだ先は長いよ」と本当に落胆の様子だった。

◆八月一九日（土）

【日記】もう…嫌になる。確かに。生きるって大変だ。生きるために　働かなくては　ならない。自分ってわからない。

よりよく生きるためには自分を知っておく方がいい。でも自分ってわからない。

私は自分の精神の均衡を保つために書いている。精神の均衡を保たなければ私は生きられないから。

死にたい、死にたいと思ってきた。

それが一つの大きな悩みだった。

でも「死にたいこと」すら、優先順位に組み込めばいいんだ。もっと他にすべきことがあるから、死ぬのはずい分後のこと。

うつ病の本に書いてあった。「死なない決意」をすることよりも、自分の死にたい気もちも優先順位に組み入れればいいんだ。だって死にたい気持ちだって偽らざる私の感情なのだから。

そして、明日のことは明日心配する。労苦はその日その日に十分あるから。来年のことは来年心配すること。それでも見通しを持ちたい。

今の受験生のような精神状態と生活リズムは何としても是正したい。体も精神も持たないもの。

◆八月二四日（火）

【日記】生きて　いるのが　つらい。
生きて　いるのが　つらい。
生きて　いるのが　つらい。

◆八月二五日（水）

【日記】他の先生の協力をあおぐことに疲れた。他の先生の協力を得ようとして、今まで消もうし、私の心が傷つきさらに疲弊してきた。これ以上、そのことで大きな消もうをしたら、耐えられる自信がない。

休職。いざとなったら休職したい。「いざという時」の見分けがつかない。

薬。のどから手が出るほどほしい。ただし、気もちの安定のため、ではなく、まとめ飲みしたら死ねるかな？　という動機でほしい。その誘惑に勝てる自信がないので、できれば今、薬は使いたくない。

◇八月二六日（木）

【日記】自分が歪んだ時間軸の中にいるように一日が長く感じたり、短く感じたりする。

書くことだけは辞めないでいたい、止めないでいたい。移ろいゆく感情。揺るがない過去。揺るがない？　消えていく記憶、無意識のうちに変化する思い出。過去が「事実」として留まるなど思い過ごしだ。

過去は変わる。未来も変わる。現在は私の手によって変えられる。

そう、今この瞬間のことは変化させることができるのだ。

私は苦しい苦しい一学期を過ごした。ほぼ毎日泣いた。気が狂いそうになって（発狂する勢いで）泣くこともしょっ中あった。私は憐れな職場環境にいるのかしら。

天国のような職場環境ではない。

地獄のような職場環境ではない。

壊れそうな自分を感じる時もある。

一学期は苦しかった。泣いた。事実だ。

苦しかっただけ？　泣いただけ？

他にもあっただろう。他にもあっただろう。敢えて今それを言葉に置き表さなくてもいい。いろいろな感情があって、いろいろなことを思って、いろいろなことをした。いろいろ、で片づけてしまえばいい。時が満ちるまで片隅に放置すればいい。或いはそれは時とともに風化していくかもしれない。それならそれでいい。

まして苦しかったことや泣いたことの意味付けをするような時期でもない。ただの事実だ。人と比較しなくていい。自分が苦しければ苦しいのだ。

私が苦しければ苦しいのだ。

私が大変ならば大変なのだ。

他のクラスと比べれば目立つほど大変ではない、とか、こういう状態の子は日本中にかなりいるらしい、自分だけが苦しいわけではないとか。

そんなこと私は思っていたんだ。

私は苦しいのだ。私は苦しかったのだ。私はつらかったのだ。

私が苦しければ苦しいのだ。

私が大変ならば大変なのだ。
それ以上でもそれ以下でもなく。
自分の才能や天性に対しての評価とは関係なく。
いいいい
私にとって苦しいものは私にとって苦しい。ただそれだけのこと。

九月

◑百合子さんの最期の月となった九月。重い現実と深まる精神疾患で、彼女はいつも死の誘惑と闘っていた。

「日記」は字が荒く乱れてくる。子どもに対して制御できなくなった怨念のような激情が渦巻き、それは教師として許される感情ではないことをわかっているからこそ、何度も何度も強い筆圧で文章に斜線が入れられ、切り刻んだ痕がある。

そして、彼女を深い絶望に追い込むことになる事件が起こる。こんにちの学校現場の冷たく荒涼とした闇のなかで、若い教師のみずみずしかった心と体が壊されていく。

◇九月一日（水）

【研修記録】不安もいっぱいあったけれど、子どもたちが元気な顔で学校に来れて良かった。九月からも気もちも新たにがんばりたいと思う。

◇九月二日（木）

【研修記録】夏の間にたくさん準備した国語の授業があまりうまくいかなかった。発問が分かりにくかったと思う。Aくんは後ろを向いて勝手なことをしゃべるなどする。適切な指導ができるようにしたい。

◇九月六日（月）

【日記】Z、腹が立つ。きらいだ。腹が立つ。腹が立つ。お前何回同じことを言わせるのだ。音楽の御用聞きに行っていない。言い訳ばかり並べたてる。行け。きらいだ。きらいだ。きらいだ。

アイマスクをすればハンカチをしないでごまかそうとする。一度声をかけても、出して付けたふりだけしてごまかそうとする。

一体お前は何だと言うのだ。

きらいだ。きらいだ。きらいだ。

きらいだ。きらいだ。きらいだ。
「運んで」と言えば「えー」と言う。
文句を言うな。
けりとばしたくなる。
きらいだ。きらいだ。きらいだ。
お前なんかきらいだ。

A、腹が立つ。
出て行け、と思う。
けがれる、と言う。私の心は傷つく。
どうしたらいいのか。
Aには触れない。
絶対に触れない。
なるべく物にも触らない。
Aの問題行動に関しては
みんなに投げかける。

「どう思う？」と投げかける。

「まっちゃくもう!!」という言葉。

テレビの中で使っているのかな。

違うかな。

私はこれもとても腹が立つ。

今まで腹が立っても我慢したり
腹が立っても少し言い返したりするだけだった。とても腹が立つ、腹が立つ、腹が立つ。

気分が悪い言葉だ。

全くもう○○○と後ろに言葉が省略されているからだ。

すごく失礼で　すごく嫌いで　腹が立つ言葉だ。すごく嫌いだ。

すごく嫌いだ。

すごく嫌いだ。

おこってばかりいるうちに、
私の顔がかわりそう。
おこってばかりいるうちに、

私の人格かわりそう。

神様　私を愛してください。
神様　私を助けてください。
神様　私に助け手を与えてください。
神様　私を愛してください。

◆九月七日（火）

【研修記録】体育の水泳の時、普段以上に指示が通らない。授業の初めに、その一時間で何をするのか話しをし、子どもたち自身に見通しをもたせて授業するようにしたい。また、全体への指示の仕方を工夫したい。

◆九月二一日（火）

【研修記録】子どもたちは比較的落ちついた様子ですごしている。暑い中、運動会の練習をがんばっている。昼休みの終わりに、小さなトラブルからAくんが噛んでしまった。予期できない部分もあるかもしれないが、トラブルが起こらないような対策を一つずつたてていきたい。

八月から九月にかけての百合子さんの日記

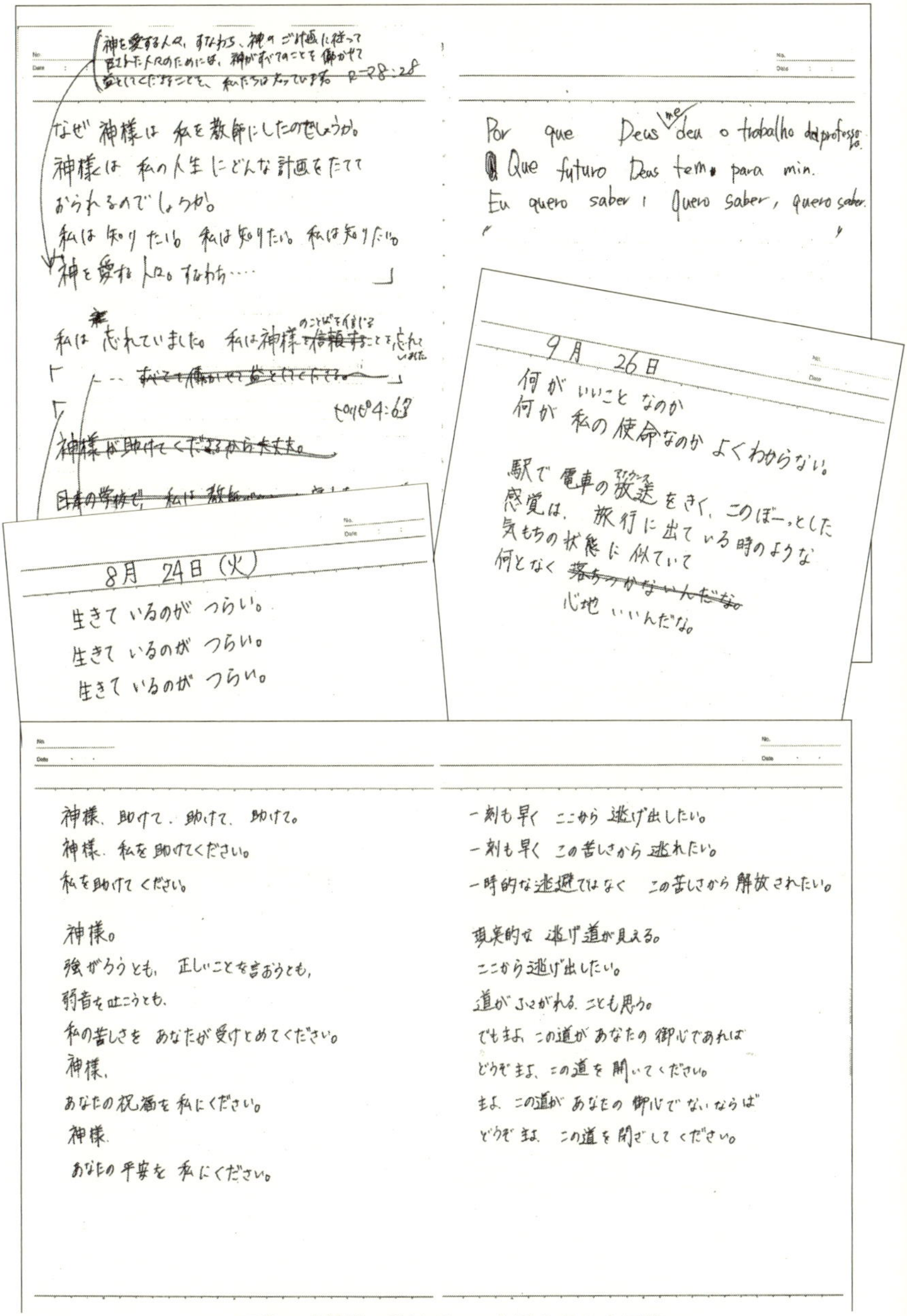

神を愛する人々、すなわち、神のご計画に従って召された人々のためには、神がすべてのことを働かせて益としてくださることを、私たちは知っています。ローマ8:28

なぜ神様は私を教師にしたのでしょうか。

神様は私の人生にどんな計画をたてておられるのでしょうか。

私は知りたい。私は知りたい。私は知りたい。

「神を愛する人々。すなわち……」


私は忘れていました。私は神様のことばを信じることを忘れていました。

「……~~すべてを働かせて益としてくださる。~~」

「 エレミヤ4:63

~~神様が助けてくださるから大丈夫。~~

~~日本の学校で、私は教師~~

Por que Deus me deu o trabalho da professora.
Que futuro Deus tem para min.
Eu quero saber! Quero saber, quero saber.

8月 24日（火）

生きているのがつらい。

生きているのがつらい。

生きているのがつらい。

9月 26日

何がいいことなのか
何が私の使命なのかよくわからない。

駅で電車の放送《アナウンス》をきく、このぼーっとした感覚は、旅行に出ている時のような気もちの状態に似ていて
何となく ~~落ちつかないんだな。~~
心地いいんだな。

神様、助けて、助けて、助けて。

神様、私を助けてください。

私を助けてください。

神様。
強がろうとも、正しいことを言おうとも、
弱音を吐こうとも、
私の苦しさをあなたが受けとめてください。
神様、
あなたの祝福を私にください。
神様、
あなたの平安を私にください。

一刻も早くここから逃げ出したい。

一刻も早くこの苦しさから逃れたい。

一時的な逃避ではなくこの苦しさから解放されたい。

現実的な逃げ道が見える。
ここから逃げ出したい。
道がふさがれることも思う。
でも主よ、この道があなたの御心であれば
どうぞ主よ、この道を開いてください。
主よ、この道があなたの御心でないならば
どうぞ主よ、この道を閉ざしてください。

下段の「神様、助けて……」は９月１２日付。

◆九月二二日（水）

【研修記録】「調べる」ということが私自身わかっていなかった。「答え」と同じでなくても「1/3より少ない」「1/4より多い」ということが「調べた」ことなのだと知った。予想を板書すること、考えるヒントとなるような発言のさせ方をすることなども知った。

チャンバラをして、Xの前歯（差し歯）が抜けた。

◆九月二三日（木）秋分の日

【母の記録】前日、百合子はヘトヘトに疲れた様子で帰宅し、軽く晩御飯を食べすぐに部屋に入り寝ていた。「悩みがあるならお母さんに話してごらん」と言いながら昼過ぎに起こす。昨日の出来事「Aくんと他の児童が給食の準備中、理科の教材でチャンバラをして、他の児童のさし歯を欠けさせたこと、その治療費は千円くらいですんだこと」を話し、「何よりも教頭先生から『同じ教室にいて何で止められないんだ。お前は問題ばかり起こしやがって』と、どうしてあんなに怒られるのかわからないほどひどく叱責されたこと、それによって以前P先生から『おまえの授業が悪いからAが荒れる。アルバイトじゃないんだぞ、しっかり働け』と言われたことがフィードバックしてきて、本当に苦しくて苦しくて辛くてたまらない」と泣きながら訴えました。

◆九月二五日（土）

【研修記録】子どもたちは力いっぱいやっていたと思う。ダンスもいつも以上にできていた。五、六年生も自分の係をしっかりやっていて、たのもしかった。行事は大切だと感じた。

百合子さんの死が問いかけるもの

百合子さんが毎日つけていた『初任者研修実践記録』は、九月二五日で途絶えている。

彼女のこの後の思いを知る手がかりは、友人のFさんに送った携帯メールに残されている。彼女は悩んだ末に、教師を辞めようと考えていたようだ。

この日の夜、「仕事を辞めようかと考えてる。でも、誰に相談したらいいのか、わからない。もう少し自分で考えてから相談した方がいいのかな。と、そんな思いです」というメールが友人に送信されている。

友人は、直後にさらにメールを受け取っている。

「同じ学年の先生たちは『いい人』だけど、基本的に助けてくれない」

「子どものことは大変だし、苦労するけど、悩みじゃない。一部の先生の言葉や態度に傷つく。

苦しめられる。天国のような職場ではないが地獄のような職場でもない。相談できる先生も少しはいる。が、希望や夢を抱けない。それでも何とかやってきたけど、トラブルが起こったときなど、私は支えてほしいのに、教頭にも責められる。むなしい。つらい。」

「つらいばかりではないけれど、楽しいばかりとはほど遠い。何なのか自分でもよくわからない。四月からほぼ毎日涙が出てきてしまっていて気が狂う前に辞めたほうがいいと思っていたけれど、夜は眠れるし、まだ軽い症状のよう。」


百合子さんの心はしかし、ほとんどすりきれそうなほどに疲れ果てていた。九月二六日、運動会翌日の日曜日、百合子さんは一瞬現実を離れて、小さな幻のような旅に出る。彼女は生きているという感覚を渇くように求めていたにちがいない。その日の思いが最後の日記に残されている。

「何がいいことなのか。何が私の使命なのかよくわからない。駅で電車の放送をきく、このぼーっとした感覚は、旅行に出ているときのような気もちの状態に似ていて何となく心地いいんだな。非日常に逃避する。環境を変えると、何かが見えてくることもある。なんとなく電車に乗りたかった。行くのなら名古屋港水族館に行きたかった。磐田駅に一六：〇〇少し前についた。そりゃ無理だ。でも行けるかもしれないし、何より電車に乗りたかったんだ。浜松を過ぎて豊橋を過ぎて、岡崎、安城、かりや。何かをしたかったわけでもなく、無意味といえば無意味。でも、とにかくそうしたかったんだ。駅で生あたたかい風を肌に感じていた。あの感覚がすべて。」

代休明けの九月二八日火曜日、百合子さんはAくんの母親から一通の手紙を受け取る。「いつもお世話になっています」で始まり、「乱筆乱文お許し下さい」で終わる便箋二枚に手書きでしたためられたごく普通の手紙に見えたが、百合子さんの心は崩れ落ちた。

そこには、Aのことでひんぱんに電話をされるようになって精神的にまいって仕事にも集中できなくなっていること、先生の指導が神経質に過ぎて過剰反応ではないか、Aばかり悪いのではないはずでもっと子どもの話を聞いてほしいこと、Aのかける迷惑は承知しているが、学校で起きたことは学校にも責任があり、子ども同士の解決もめざすべきではないか、という指摘が並び、最後にこのままではAを登校させるかどうか考えさせてほしいと結ばれている。

母親もまたつらかったのだろう。文面は考え抜かれた形跡があり、字も丁寧で、落ちついて読めば、心情は理解できる手紙である。

しかし、内容は百合子さんにはこれまでのあらゆる苦しみと努力、百合子さん自身の意にも反し悩み抜いての電話や、必死の指導を試みてきた自分のすべてを否定されたように受けとめられたとしても不思議ではない。

百合子さんはこの手紙を受け取った後、黙ってしまったり泣いたりすることはなく、事務的な話しもしながら、普通に仕事を続けていたという。

この日の朝、百合子さんは、重い足を引きずるようにとぼとぼと両手に荷物をぶら下げて車に向かう後ろ姿をお母さんは覚えている。百合子さんはその夜、七時半ごろ疲れた様子で帰宅すると晩御飯を食べ、しばらくテレビを見て「ちょっと行ってくる」と言って出掛け二〇分くらいで帰ってくる。自分の部屋に入り、深夜一二時頃、畳に突っ伏している百合子さんを妹さんが見かけている。

この外出で百合子さんはコンビニエンスストアでライターを、ガソリンスタンドで灯油を購入していたことがわかっている。

翌九月二九日、午前五時三〇分ころ、自宅から一ｋｍほどの福田町スポーツセンター内の駐車場で車両火災があり、焼死体は百合子さんであることが確認され、自宅に知らされた。自分の車の中で、全身に灯油をかぶっての自死だった。遺書は残されていなかった。

ほんとうは子どもを憎むことなくただ愛したかった百合子さん。もっともっと学ぶ時間や機会がほしかっただろうと思う。子どもを見る目を磨きあい、子どもの逸脱や教師の失敗も大らかに受けとめて、ささえあって成長できる職場がほしかったにちがいない。条件に恵まれていたら、彼女はまちがいなく素敵な先生に成長していたことだろう。

悲劇は百合子さんの学校にとどまらない。教師に命を削らせて、日本の教育は何を実現させようとしているのだろうか。「誰が悪い」という前に、教育とは何か、指導とは何か、教師の仕事は何なのか、学校は何をもっとも大切にしなければならないのかが問われている。教師になったばかりの百合子さんが、学校現場の苛酷なまでの苦難の中でくりかえし問いつづけていたことも、何よりそのことではなかっただろうか。


【おことわりとお願い】

百合子さんのノートには当時、彼女が担任した子どもたちがたくさん登場します。たしかに新採まもない百合子さんは学級の混乱や子どもたちの言動に苦しんでいますが、それは百合子さんへの甘えであったり、誰にもある子ども時代のわがままや逸脱であると思います。

遺されたノートの公開は教師という仕事の大変さと、だからこそささえあいが大切であることを理解していただくことが目的であり、この記録によって過去の自分を責めたり、誰かが苦しむことのないように切に祈ります。百合子さん自身もそのことを深く願っていることと思います。読者の皆さまにも、そのことをご配慮いただければ幸いです。

第Ⅲ章

公務災害認定をめぐる闘い

地方公務員災害補償基金への申請から裁判まで

静岡県働くものの安全と健康を守るセンター事務局長
橋本　正紘

はじめに

私は、現職の高校教員時代に公立学校の教員の過労死問題を3件取り扱った経験がありました。一つは東京高裁で、私も証言台に立ち一定の貢献があったものと思いますが、勝利しました（大野過労死事案1997年10月／労働判例No.727）。しかし、他の2件は残念ながらいずれも、地方公務員災害補償基金（以下地公災基金）静岡県支部・支部審査会での不支給決定で終わりました。

多発する過労死をどうすればなくせるのか、日本の労働者の労働安全衛生はどうなっているのか、ボランティアで「静岡県働くものの安全と健康を守るセンター」の事務局長を引き受けたのもこんな経験があったからです。

木村百合子先生の事案に私が関わり始めたのは、木村先生が亡くなられた数カ月後からでした。当時静岡では、公立小学校（木村先生の勤務された磐田市の近く）の尾崎善子先生の自死事案の公務外認定取り消し請求訴訟が静岡地裁で始まったばかりの頃でした。その第1回か第2回目の口頭弁論終了時に主任弁護士であった塩沢忠和弁護士から、木村百合子先生事案の概要をお聞きし、公務災害申請の協力を依頼され、百合子さんのご両親を紹介されました。木村事案は、塩沢弁護士と同じ事務所の若い小笠原里夏弁護士が担当し、お手伝いを始めました。

なお、尾崎先生事案の裁判は東京高裁で逆転勝訴（2008年4月24日）しましたが、基金は不当にも最高裁判所に上告。しかし、2009年10月27日、最高裁第3小法廷は全員一致の意見で上告棄却を決定し、東京高裁の判決は確定しました。

百合子さんのご両親には最初静岡の事務所にきていただき、詳しいお話を伺いました。ちょうど教職員の過労死・過労自死の報道が取り上げられた時期で、マスコミもこの事件について注目していました。

地公災基金は、地方公共団体の職員が公務災害又は通勤災害を受けた場合、その補償を行い、併せて職員の社会復帰の促進、その遺族の援護、公務上災害の防止に関する活動への援助等を行うことを目的として設置されたものですが、基金の壁は厚く、可能な限り資料を多く集めること、そして現状では時間がかかることを説明しながら一緒に努力することを確認しました。また、支援の組織の重要性を説明し、教職員組合の協力も大切であることをお話ししました。

長い闘いのはじまり・地公災基金の壁は厚く

2004（平成16）年12月22日、ご両親は、所属長（磐田市立東部小学校校長）に公務災害の申請をしましたが、これが長い闘いのはじまりとなりました。

公務災害の申請書は、基本的に所属長（校長）に提出義務があるのですが、学校がどこまで真実を報告してくれるかどうかは不明です。そこで、申請側としてはできるだけ克明な資料を用意すると同時に、こちら側の意向を伝えるため、校長、教頭に面会を求めていきました。

しかし、最初の設定日は、校長・教頭共に出張とのことで会えず、ようやく面会が実現したのは、2005（平成17）年5月9日のことでした。その時点でもちろん、学校は資料作成に取りかかっているのですが、しかし、その場での校長はガードが固く、上からの指示がないと、独自に申請書類の作成には消極的という印象でした。

その後、校長は申請書類の遅延届を提出。静岡県教育委員会福利課に公務災害認定請求書が提出され、任命権者である静岡県教育委員会がそれへの意見を添え、地方公務員災害補償基金静岡県支部（以下、基金支部）が請求書を受理したのは２００５年7月6日のことでした。

この間、私たちはご遺族とともに、百合子さんの勤務が始まった２００４年4月1日から亡くなる9月29日までの学校の生活、家庭での生活（帰宅、起床・就寝時間などを含む）を一覧にした資料作成に取りかかっていました。

一方、公務災害認定請求書は受理されたからといって、そのまま結果を待っていればよいというものではありません。基金が請求書を受け取った7月6日以降の私の日程は次のようなものでした。

■05年7月11日＝基金支部で主査に面会。遺族年金と木村事案の折衝
■〃7月12日＝基金支部で開示請求の手続きの説明を受ける
■〃7月13日＝基金支部に開示請求手続き申請
■〃7月16日＝木村宅訪問、報告と調査活動
■〃7月19日＝基金支部と折衝
■〃7月20日＝基金支部と折衝、木村宅訪問、書類作成
■〃7月21日＝基金支部に開示請求書類提出

２００５年10月7日、私たちは基金支部に対し、東部小学校から提出された資料について開示請求をしました。所属長（校長）がどのような資料を提出したのか、提出してないのかを確認し、

不十分な場合は弁護士・支援者側でそれを補おうという意図からです。しかし、基金支部はなかなか開示しませんでした。やっと開示されたのは、2006（平成18）年3月30日、開示請求から半年後、それも、主要部分はすべて墨塗りのものでした。やむなく、手元にある資料とご両親の記憶を頼りに、百合子さんの全生活の記録を基金支部に提出しました。（次頁表参照）

支援する会の結成

基金支部が百合子さんの事案を「公務外」と決定したのは2006年8月21日のことでした。公務災害を申請してからすでに1年8カ月が経過していました。もちろん納得できる結果ではありません。

その後、遺族は基金支部審査会に向けて審査請求しますが、それも2007（平成19）年12月20日棄却。やむなく、年明けの2008（平成20）年1月16日、今度は基金本部審査会（東京都千代田区）にあてて再審査請求をしました。しかしその結果も「公務外」と認定され、訴えは棄却されてしまったのでした。この間の流れを整理すると、以下の通りです。

- 04年12月22日＝遺族は所属長（磐田市立東部小学校校長）に公務災害の申請
- 05年7月6日＝地方公務員災害補償基金静岡県支部が請求書を受理

基金支部に提出した木村さんの全生活の記録の一部

月	日	曜日	起床時間	出勤時間	学校での生活		帰宅時間	家庭における生活	就寝時間	その他(メールのやりとり等
					一般	初任者研修関連				
9月	13	月	5時〜6時	7時	運営委員会3	1 体育(4年全体)表現運動 2 算数(4年2組)三角形 3 国語(4年2組)手と心でよむ 4 道徳(4年2組)長良用水 5 社会(4年2組)水とくらし 百合子の感想 運動会のダンスで百何十人がおどるためには、全体への指示の仕方や子どもの気もちの盛りあげ方が難しいと思った。学級が32人でも難しいけれど学年になるとますます難しい。でも基本的なこと(大切なポイント)は同じなのかなと感じた。体の健康 良好 心の健康 良好	19時〜20時	この頃、百合子は非常に疲れた様子で帰ってくる日が多くなり、口数も減ってしまった。 百合子は、初任研実践記録作成、指導週案の作成、授業準備などに励んでいた。	23時半	
9月	14	火	5時〜6時	7時	学級タイム(個別指導) 教材研究 秋の交通安全街頭指導 14日(火)〜22日(水)	1 算数(4年2組)三角形 2 国語(4年2組)手と心でよむ 3 総合的な学習(4年)表現 4 国語(4年2組)手と心でよむ 5 体育(4年2組)水泳 百合子の感想 国語で内容をまとめようと思って授業をしたら早くできた子は何をさせたらいいかわからなくなってしまい、なかなかできない子は、ぼーっとしたままになり、答えを写して終わりになってしまった。大切なことばを押さえる以外にどうしたらいいか、工夫していかなくてはいけなかった。 体の健康 良好 心の健康 良好	19時〜20時	百合子は、初任研実践記録作成、指導週案の作成、授業準備などに励んでいた。	23時半	
9月	15	水	5時〜6時	7時	全校運動 集団下校 研修日(学)	1 基本研修 校外での児童指導の実際と問題行動への対処の仕方 村松先生 2 基本研修 道徳教育と全体計画 村松先生 3 参観授業 算数(4年2組)三角形 村松先生 4 授業研究 村松先生 5 体育(4年2組) リレー競争 百合子の感想 児童の問題行動について、学校全体で一致した考えのもとに対処するために校長、生活指導、学年主任などと話し合いながら指導をすすめることが大切である。特に保護者の対応は担任一人で行うことなく複数の教員が関わることで、冷静な判断や共感が行える。 体の健康 良好 心の健康 良好	19時〜20時	百合子は、非常に疲れた様子で帰ってきた。 百合子は、初任研実践記録作成、指導週案の作成、授業準備などに励んでいた。	23時半	
9月	16	木	5時〜6時	7時	クラブ 研究推進委員会 百合子先生は、初任研で細江町気賀小学校に終日出張 出張の復命書が閲覧できずその内容不明。	第7回初任者研修 細江町立気賀小学校にて実践発表 授業参観「自然とともに」講義「道徳教育と道徳の時間」 分散会 百合子の感想 道徳について学びました。授業参観で見せていただいた授業が印象的で、再現構成法的な資料の提示や黒板の使い方(流れがわかるような絵やことば、子どもの発表をかくポイント、色チョーク)が効果的で、子どもが生き生き活動していてすごいと思いました。黒板の使い方をまず見習いたいです。 体の健康 良好 心の健康 良好	19時〜20時	百合子は、非常に疲れた様子で帰ってきた。夜遅く母の枕元で、「私、学校やめるから」という。 百合子は、初任研実践記録作成、指導週案の作成、授業準備などに励んでいた。	23時半	

学校での生活、家庭における生活、起床・出勤・帰宅時間、メールのやりとりなど、亡くなる9月29日まで、日程を追って一覧表にしたものを基金支部に提出した。

■06年8月21日＝基金支部は「公務外」と決定
■06年10月3日＝遺族は基金支部審査会に審査請求
■07年12月20日＝基金支部審査会は審査請求を棄却
■08年1月16日＝遺族は基金本部審査会に再審査請求
■08年7月14日＝基金本部審査会は遺族の再審査請求を棄却

この間、百合子さんの地元磐田市では、基金支部の審査結果を受けて、このままでは納得できない、なんとしても百合子さんの死の真相を究明せねばという思いから、「木村百合子さんの公務災害認定裁判を支援する会」が結成されました（08年6月21日）。そして、基金本部に再審査請求したにもかかわらず三カ月以上裁決がないことから、２００８年7月4日、ご遺族は地方公務員災害補償基金静岡県支部の認定取り消しを求めて静岡地方裁判所に提訴することを決意されたのでした。

支援する会の代表世話人は、百合子さんが生前から信頼を寄せていた蓮井康人牧師。結成総会には、百合子さんの知人やベトナム「子どもの家」を支える会など関係者約40名が参加され、報道関係者も6社が駆けつけてくれました。その会の冒頭、蓮井代表は、「妹さんからの絶叫の電話で百合子さんの死を知り、亡骸も見られないままの死でした。彼女が何を訴えたかったのか考えたい」と挨拶されました。ご両親からは、

「２００４年9月29日早朝、私たちの娘、木村百合子は、小学校教師になって僅か半年で自殺しました。生前、本人も職場での大変さを話していましたが、残された資料には厳しい実態が記されていました。私たち遺族は、娘の自殺は公務災害だと思い申請しましたが、地方公務員災害補償基金は、〈**本件災害は、本人の個体的要因によるもので公務に起因しない**〉としました。しかし、これは、学校側の主張を全て正しいと判断しての裁決です。学校の中で何が起きていたのかという事実すら、未だに明らかにされていません。念願の教師になった娘がなぜ自殺に追い詰められたのか、その真相解明のために、皆様のご支援をどうぞよろしくお願い致します」と訴えられました。

集会には裁判を引き受けてくださった小笠原里夏弁護士、塩沢忠和弁護士も参加され、この裁判の意義と勝利への決意が表明されました。

傍聴席を埋めた支援の人々
――「支援する会」のニュースでたどる裁判の経過

裁判は２００８年9月25日、静岡地方裁判所において第一回口頭弁論から始まり、２０１１（平成23）年9月8日の最終弁論まで通算17回、３年余にわたる歳月をかけて行われました。その経過を「支援する会ニュース」でたどってみたいと思います。

【第1回裁判（口頭弁論）／08年9月25日】（支援する会ニュース第2号より抜粋）

木村さんご家族他、弁護士会館に集合した支援する会会員など大勢の傍聴者が裁判所に向かうのを、多くの報道陣がカメラを構えて追いました。

法廷内。原告席に塩沢、小笠原両弁護士と父親の木村憲二さん。被告側は代理人の2人のみ。川口代志子裁判長は、キャリアが長そうで、2名の裁判官は男女各1人。傍聴席は一般・報道合わせ約40名が埋め、ほぼ満員でした。

木村さんは「一年ほど前まで、娘を思い出すことができなかったが、ようやく様々なことが思い出されてきた。元気で前向きな子が自殺した原因は仕事以外に考えられない。事実を解明し、同じことが繰り返されないよう正しい判決をしてください」と。

小笠原弁護士は「私たち弁護士や裁判官も、新人の期間には多くの周囲のサポートを受けて勉強してきた。百合子さんはいきなり重責を担ったが先輩たちの支援がなく、かえって追い込ませる結果になった。新人教師のうつ病が増加している現状で、全国の問題として考えて欲しい」と訴えました。

被告代理人は裁判長から反論を求められましたが、口頭での反論はなく、裁判長から、より詳細な反論の書面の提出を求められ、一カ月半の時間が必要と応えた結果、次回の口頭弁論の日程を、11月20日と決め閉廷しました。

裁判の後、支援者の集い。母親の木村和子さんから思いが語られ、両弁護士から今回の口頭弁論の解説や今後の流れ、そして支援する意味や役割などのお話がありました。また、参加者1人ひとりが自己紹介をかねて一言ずつ思いを語りました。

和子さんは、「裁判を通して学校で何が起きたのか、事実を事実として明らかにしなければ解決されない。娘は苦しみ自殺した。教員になるのを楽しみにしていたのに、苦しんでいる人が多い。学校での問題を皆で考えるきっかけにできればと思う」と話しました。傍聴・支援者からは、

「これほど周りがサポートしなかったとは、とても理解できない」（教員経験男性）

「教師として生徒にも話した。正規採用されても安心できない状況。その辛さを全体の問題として訴えたい」（教員男性）

「真相を知りたい。社会の様々な事件が仲間内でうやむやにされている」（男性）

「命が軽んじられている社会をなんとかしたい」（女性）

２００８年10月31日現在、支援する会会員は87名でした。

業務に起因する死であったかどうかをめぐって

【第４回裁判（口頭弁論）／09年４月９日】（支援する会ニュース第５号より抜粋）

被告である基金側の弁護士は、3月6日までに提出すべき医証（基金側の医者の意見書）を4月9日現在提出せず、しかもいつ提出するか曖昧な態度に、原告（木村さん側）代理人塩沢弁護士が強く批判しました。

基金側の主張は、百合子さんは自殺当時、「事理弁識能力（冷静に物事を判断できる能力）」があった、それにもかかわらず百合子さんは死を選んだのだから「業務に起因する自殺ではない」というものですが、このような乱暴な主張のためにずるずると審理を引き延ばされるのでは、遺族にとってはまさに二次被害です。結局、医証については5月の連休明けまでに提出することを、基金側弁護士は約束し、閉廷しました。

閉廷後、いつもの弁護士会館会議室で支援者の集まりが開かれました。小笠原弁護士から、百合子さんのお母さんが様々な思いを持ちながら勇気を持ってA君のお母さんとお会いしたところ、A君のお母さんもいろいろご苦労されたこと、そしてA君のお母さんがこころよく様々な経過と思いをお話しされたことなどが報告されました。

この中で、基金の裁決の重要なポイントの一つであったA君の医療機関の受診について、基金は、「所属（学校）によれば、A君は、10月22日に医療機関を受診し、AD／HDではないと判定されている」としてきましたが、実は最近になって、当時の教頭が「A君は、10月22日に受診し、翌年の3月末まで通院していた。ただしAD／HDとは判定されていない」という主旨の陳述書を提出したことが明らかになりました。基金の調査がいかにずさんであるかが分かります。

小笠原弁護士からは、教育現場の現状をいかに裁判官達に認識してもらうかが重要だとして教育現場の困難さ、苦労した経験等々の声を弁護団に寄せてほしい、あるいは意見書のような形でまとめて教えて欲しい旨の話がありました。

また小笠原弁護士はこの場で、静岡県教職員組合本部に正式に支援の要請を行ったことを明らかにし、組合側からは、何の説明や弁解もなく、組織として支援はできないとの素っ気ない返事の文書が郵送されてきたことが報告されました。

２００９年7月4日、「木村百合子さんの公務災害認定裁判を支援する会」総会が開かれました。総会では、木村さんの事件を自書『強いられる死〜自殺者三万人超の実相』（角川学芸出版）で取り上げてくださったフリージャーナリストの斎藤貴男さんをお招きし、講演会が行なわれました。

斎藤さんからは、「11年連続で自殺者が3万人を超えている。自殺するのは本人が弱いから？そうではない……」と、企業社会から教育の現場まで過酷な競争にさらされている実態が語られ、「木村さんの事件は他人ごとではない」と訴えられました。会員他、口コミで64名もの参加者があり、支援の輪の広がりを感じました。（支援する会ニュース第6号より抜粋）

学校現場の実情を訴える声を裁判所に

【第7回裁判（口頭弁論）／09年10月29日】（支援する会ニュース第8号より抜粋）

10月29日静岡地方裁判所。塩沢弁護士から「職場での百合子さんへの大きな負荷が原因であり、学校としてのサポートが求められていた…」と、力強い言葉で応酬が始まりました。特に、「10月27日に最高裁で、自殺に関しての公務災害認定が確定した『尾崎事件[注]』の東京高裁判決を踏まえて、『自殺事案』への最高裁の立場が示されたといえる。これをどう捉えるか、改めてつっこんだ議論をしたい」と投げかけ、傍聴者は固唾を飲みましたが、基金側弁護士は「それはまったく参考にならない、この判断基準とは違う…」と答弁。塩沢弁護士が追いうちをかけるように次々と質問をしましたが、基金側は焦点をそらしたような逃げの答弁に終始していました。

この日はたくさんの先生方に作成していただいた「意見書」を裁判所に提出。その数21通。学級運営が困難に陥った時に先生方がどのような苦労をされるのか、周囲からの支援体制がどんなに重要かという現場の声を裁判官に向けて伝える貴重な資料です。

裁判後の報告集会で小笠原弁護士から、「意見書では『新採教師への支援体制が重要』という内容がずらりと並び、裁判長がこれら意見書の内容を少なからずしん酌したと思う」と解説。この集会には、尾崎裁判の原告であるご家族も参加され、お母様から丁寧なお礼の言葉が、弟の尾崎正典さんからは長い闘いの概要が報告され、「この木村裁判に勝てば初任者への安全対策の改善につながっていく。全国へ大きな力になる」等々の力強い激励の言葉がありました。

この日、新しい青年弁護士栗田勇先生が紹介されました。栗田さんは塾講師の経験から、子どもへの対応の苦労を身をもって感じていて、すすんで木村さんの弁護団に加わったとのこと。

次回は、原告側から、精神科医による鑑定意見書を提出する予定。

【注】**尾崎裁判とは**＝小笠地区（磐田市の東隣）小学校の特別支援学級担任・尾崎喜子さんがうつ病を発症し、2000年8月に自殺。地公災基金静岡県支部は、尾崎さんのうつ病発症は業務の過重からではなく、本人が几帳面で何事にもまじめに取り組みすぎたためであり、普通の教員なら同様な状況でも発症しなかった。個人の性格が問題であり、公務災害には当たらないと不認定。支部審査会、本部審査会、静岡地裁も基金支部の裁決を支持。しかし、東京高裁で逆転勝訴、基金が上告するも最高裁は2009年10月27日、上告棄却の判決。

【第8回裁判（口頭弁論）／10年1月21日】（支援する会ニュース第9号より抜粋）

2010年1月21日、完成した新しい静岡地方裁判所203号法廷で開かれました。今回は、木村さん側弁護団から送った書類（重要な精神科医の意見書など）が届いていない等のやりとりが主で、次回の裁判日程を決め約15分で閉廷しました。

　精神科医による意見書は、弁護団が、今裁判までに東京代々木の精神科医に作成を依頼し、ご両親や弁護士が直接赴いて、8時間に及ぶ面談を経て作って頂き提出したものです。この意見書が、この日までに基金側弁護士に届いていなかったため議論にならなかった訳ですが、今後、木村さんの公務が如何に過重であったかを主張するのに、これが大きな力となるとのことでした。

●――いただいたお手紙から　《百合子さんの死を知ったのは新聞記事から…。苦しかっただろうな…。……追い詰められ、さらにうつ状態から来る発作的な死だが、おそらく新任教師に救いの手を差しのべてくれない職場……抗議の死だと思う。この裁判の意味は若い教師が同じような悲劇にならないよう、職場の支援体制を確立することにある。そのためにも百合子さんの死を公務災害と認定させなければならない……それが教育委員会や職場の管理職に、本気で心の通う指導体制を確立させることになると思う》（60代男性）

うつ病発症時期をめぐってのやりとり

【第10回裁判（口頭弁論）／10年6月24日】（支援する会ニュース第11号より抜粋）

年度が替わり、裁判長は新しく山﨑勉裁判長に、両脇の裁判官も前回（3月25日）裁判から交代で、若い男女が一名ずつと一新、傍聴席は今回もいっぱいの支援者がその推移を見守りました。
裁判では、書類の確認後、塩沢弁護士の追及から開始。
塩沢弁護士「被告は、うつ病発症後の公務の過重性について、全く議論しないつもりか？」
被告代理人「うつ病発症が公務によるものでない以上、その後の公務の過重性について論じる必要がないと考えます」
塩沢弁護士「天笠医師（精神科医）の意見書をどう考えるか？」
被告代理人「こちらでは丸山先生（精神科医）の意見書を出しており、改めての見解はない」
……等々のやり取りが続き、基金側はこれまで通り「過重業務は、うつ病発症後なので問題にならない」との主張を続ける状態でした。

第10回裁判に続く7月10日、「木村百合子さんの公務災害認定裁判を支援する会2010年度総会」が開催されました。総会には百合子さんの父憲二さん、母和子さんと姉妹、蓮井代表、小笠原弁護士など40名近い方々が参加。蓮井代表の挨拶に続き、ご両親から、「この問題は、教育委員会や県が解決してくれるものと思っていた」、また「責任の全てを新人教師である百合子に負わせている」と、改めて遺族の悔しさ・悲しさが吐露されました。

総会で裁判経過を報告する小笠原弁護士。右端は母和子さん。

裁判の経過報告として小笠原弁護士は、「被告である地公災基金は、百合子さんのうつ病発症時期を意図的に早め、それ以降の業務の過重性を、すべて百合子さんの精神的脆弱性の原因にしようとしている。本来、地方公務員の側に立つべき地公災基金がこんな乱暴な主張をしていいのか」と、被告の議論のずさんさを指摘されました。

総会第2部では、元中学校教諭佐藤博先生（『新採教師はなぜ追いつめられたのか』高文研刊の共著者）の「学校・教師　いまその仕事を悩ませるもの、支えるもの」と題した講演。日本の教育現場について、改めてその深刻な窮状を確認すると共に、木村さん裁判の勝利判決を目指す決起の場ともなりました。

報道ステーションの反響

11月16日、テレビ朝日「報道ステーション」で木村さんの事件が放映されました。番組の後半、10数分の特集だったのですが、全国版放送の影響は予想を超える反響でした。以下、寄せられた声から（支援する会ニュース第13号より抜粋）。

「放映の後、日教組の大阪支部から内容の問い合わせがあり、静教組磐周支部が支援していないことに疑問を感じ、今後三島支部らと連絡を取り合って支援していきたい」

「次の日、職場で多くの先生方や子どもたちから話しかけられました。観てくれた先生や授業に行ったクラスでは木村事件の概要を話しています」

「磐田市内の支援者に、元市議から電話がありました。教育委員会の入っている磐田市役所が映り、こんなことがあったのかと驚いていました」

「学校職場は危機的な状態です。最近、静岡市で中学校教員が自死、昨年2年目の中学校教師が退職、などの情報が入っています」

「先日の報道ステーションで、木村百合子さんの事件を拝見しました。木村さんが生きていれば私と同い年であったことがとてもショックです。

私は現在教職○年目ですが、○年目のときに、クラスで陰湿ないじめ問題が起こり、翻弄され続け、突然出勤できなくなってしまいました。知らないうちに円形脱毛症にもなっており……必死で、本当に必死で、毎日教室に足を運んでいましたが、突然「もういいや」と思ってしまい、しばらく出勤拒否をしてしまったのです。

今思えば、唐突な仕事放棄だと思いますが、当時の私はそうせざるを得ない精神状態でした。けれども、同じ学年の同僚は私をずっと心配してくれ、一人暮らしの私の自宅まで何度も様子を見に来てくれました。どれだけ、心の支えになったか、感謝してもしきれません。

今、私が仕事を続けていられるのも、当時の同僚の理解と暖かい励まし、支えがあったからです。ですから、きっと私と同じようにつらい思いをした百合子さんが、このような形で亡くなってしまったことが非常に無念でなりません。私には同僚の理解があって、百合子さんにはなかった。そのたった一つの違いが、つらいです。私が彼女だったかもしれないし、彼女が私だったかもしれない。紙一重、他人事だと思えません。署名を集めておられると聞きました。それでお力になれるのなら、署名用紙をお送りください。よろしくお願い致します。この裁判が良い結果を結びますよう、お祈り申し上げます」

【第13回裁判（弁論準備）／10年12月24日】（支援する会ニュース第14号より抜粋）

いよいよ、証人尋問が始まります！

今日の裁判は、次回から行われる証人の採用可否を決める重要な弁論のための手続きでした。審議の結果、原告の申請した証人全員は認められず、一部は今後検討するということとなりました。保留となった証人の中には、百合子さんと同じようなクラス状況を経験してきた教員も含まれています。百合子さんが出会った「発達障害」の疑いのある児童との関わりの過程で、職場のフォローが充分であったか否かについて証言し得るはずでした。

この証人申請に対し被告側代理人は、「そのような『教育関係者』の意見は、陳述書を読めば分かる」と主張し、証人採用に反対しました。

第1回／2011年4月14日／当時の研修主任、教頭

第2回／　〃　5月12日／母・木村和子さん

第3回／　〃　6月9日／双方の精神科医

木村裁判は、いよいよ証人尋問に入ります。今後の裁判の行方を決める重要な局面に入ってきたといっていいと思います。全国からこの裁判を注目し、傍聴席を埋め尽くしたい。支援する会会員は、2011年3月30日現在224名！

「覚えていません」「分かりません」の連発

【第14回裁判（証人尋問）／11年4月14日】（支援する会ニュース第15号より抜粋）

初めての証人尋問は傍聴者の多さを予想して、裁判員裁判で使用する一番大きな法廷で開かれました。傍聴席は70席余でしたが、ほぼ埋め尽くし、支援の広がりを示しました。

まず、2人の証人（P研修主任、教頭）の宣誓から始まりました。「誓って嘘は言わない」と…。

しかし、原告側小笠原弁護士の「4月からすでに当該児童のことで困っていたのではないか」との問いに対し、P研修主任は「分かりません」。また、「木村さんのクラスがパニックになっていたことを養護教諭から聞いていたのではないか」との問いに対し、「聞いていません。ずっと木村さんのクラスに付いていたわけではないので」。さらに「児童が教室から外へ飛び出してしまい、木村さんが探しに行ったことは」に対しても「知りません」

これに対しては、傍聴席から思わず大きなどよめきが上がりました。校内でもかなり大きなことだったはずです。この傍聴席の反応は、証人のその後の証言に引き合いにされるほど意識されたことは確かです。そして、「アルバイトじゃないんだぞ、しっかり働け」の叱責についても、「児童たちの見えない所で、声を抑えて話した」と証言していますが、目撃している教諭もあるなど、

証人尋問後の報告集会。司会は筆者。2011年4月14日。

矛盾するものでした。

被告側弁護人への証言は、7年前のことであっても大変はっきりと覚えて明確に答えていたのに比して、原告側弁護人に対しては、思い出そうともせずに、「覚えていません」「分かりません」の連発。

続いて教頭への尋問。まず被告側弁護人から「木村さん支援について、週一回県教委派遣のM教諭による指導状況、具体的な支援状況」等々を問われ、「木村さんは初任者なので、特別に何かあったからでなく、初めから見ていこうとしていた」「出来るだけ皆で木村さんのクラスの前を通るようにして、時おり教室に入った」「クラスは4月当初は4年生らしい雰囲気で特に問題はなかった」、そして「授業を代わってくれと言われ、体験上、理由を聞かずに認めた」「泣いて普通ではない時があったが、『早く帰りたいだけです』と言っていた」……。さらに

『問題ばかり起こしやがって』とは言っていない、叱責したことはない」と言い切りました。

次に、原告塩沢弁護士への証言では「当該児童が困るような状態だったのは木村先生の時だけ」「(木村さんを、キリスト教徒、思いこみ激しい、プライドが高い等々と記述していたことに関連して)子どもに対して、施し的な接し方だったので、子ども目線に立って欲しいと指導していた」…と。

木村さんが養護教諭の助言で始めた、当該児童に関して克明に記録されたノートに関しては、驚くことに教頭はこれまで全然見ておらず、かつ、証人尋問の2週間前に送られたコピーも見ていないというのです。裁判長から「なぜ、知ろうとしなかったのか」と尋問されたほどでした。その答えはありませんでした。


2人の証言から新たに出てきたことがありました。5月の時点で教頭から校長に「木村さんは教員に向いていないので、辞めてもらったらどうか」と話していたとのことです。校長は「(6カ月の)期限付き任用なので、長い目で見てやって」と言ったとのことですが、そのために、指導教諭や教頭が支援に入らなかったということになり、この時点から学校では木村さんを指導・支援する姿勢がなかったと言えます。この他、当該児童の通院の件に関しても、連絡の有無や時期等の食い違いがありました。こうした流れは、公務災害の認定を却下した基金の判断根拠を完全に崩してしまったといえるのではないでしょうか。

裁判後の報告集会で、小笠原弁護士は「あんなにひどい実態だったとは…」と涙を浮かべて報告。塩沢弁護士は「僕はどうも感情的になってしまうが、小笠原先生は冷静にひとつひとつ追及してくれた」と。傍聴者からも「あれだけのことを引き出せて、すばらしい弁護だった」との発言に、多くの方が同感の意を示しました。

教職経験者Sさんと母・木村和子さんの証言

【第15回裁判（証人尋問）／11年5月12日】（支援する会ニュース第16号より抜粋）

第2回の証人尋問が行われました。証言したのは、百合子さんと同じように、指導困難な児童を担任した教職経験者Sさんとお母さんでした。（注・Sさんの証人申請は保留・検討になっていたのだが、第1回証言の内容と、原告弁護団の上申書によって、その必要性を裁判所が認めた。）

Sさんは三島市在住。証言によると、担任した児童は注意力散漫、多動、衝動性が見られ、授業に集中しない、ずっと座っていることが出来ず突然に出歩いてしまう。また、感情をコントロールできない点など、木村さんが悩んだ児童とまったく同じ。5年生になって突然こうした症状が出たが、ある時突然というケースはよくあることであるとも。

当時Sさんは、当該児童について他の教諭に理解をしてもらうため毎日記録をとり、大変な時期には学年部会で、また、突発的な時には朝の打ち合わせで全職員に伝えています。他の職員が理解し見ていてくれることで心の負担が軽くなり、また、同じ歩調で関わっていくことで共感でき、繋がっていくのを実感。特に、校長先生が朝「いつでも万全体制でいるから大丈夫」と言ってくれ、学年の職員で役割分担の確認をし、全体会でも生徒指導部会で対応するという体制をとってくれていたこと、最もよかったのは養護教諭の存在で、専門的に熟知しており保護者との橋渡しをしてくれたこと等を証言。

こうした「指導困難」児童の担任への支援体制は、三島市内の学校では多くが同様にしているという。児童の逸脱行動はまず、その暴力から他の児童を守らなければならないし、その子への対応もある。こうした指導困難児童を抱えると、授業が成立しない、保護者対応もある等々、休み時間はまったくなかったとのこと。こうした状態で、三島市のような支援がなかったら、教師は問題を自分の中に閉じ込めて孤立し、どうしてよいか分からなくなってしまうだろうと続けました。

木村さんは毎日記録をとっていたにもかかわらず、前回の尋問で明らかになったように、教頭や研修主任など管理職は見ておらず、SOSを出していたのに、本当に大変な時期に見てもらえなかったこと、勤務校は文科省の指定研究を受けていて忙しかったようだが、校内は困難さを話せて受け止める雰囲気はあったのか、平成16年には国から通達が校長宛に出ている（137頁～）が、リーダーたる校長が自ら対応した様子が見えなかったのは残念、と指摘しました。

一方、母・和子さんの証言からは、百合子さんが徐々に元気をなくしていった様子が如実に伝わりました。その内容は第1章で紹介されているとおりです。

被告側弁護団からは「木村さんは叱られたことがないのか、叱られると泣くのか、他の事で悩みを抱えていたか」等々、木村さん自身に問題を見つけようとする尋問が続きましたが、和子さんはそれらをきっぱり否定しました。

最後に、この裁判で何を求めているかという裁判長の尋問に、黒いスーツ姿の和子さんは「この裁判で何が事実なのかを明らかにして欲しい。その原因を追究して対策を立て、二度とこのような事件を起こさないようにして欲しい」と訴えました。

原告、被告双方の精神科医の証言

【第16回裁判（証人尋問）／11年6月9日】（支援する会ニュース第17号より抜粋）

汗ばむ夏の日、3回目の証人尋問が行われました。今回の証人は原告と被告の双方から精神科医2人。専門的見地を確認する重要な尋問に傍聴の約50名が聞き入りました。

〔天笠精神科医証言・原告側推薦〕

5月末に疲労や集中力減退等、抑うつ気分を示唆する症状があり、職業的機能の障害が出ていた。「うつ病」発症時期は診断基準を満たした時だが、5月末から6月下旬、7月初旬ではないか。被告側の丸山医師が主張している「発症時期が5月中旬」に対しては、百合子さんの4月からの症状は断片的であり、診断基準を満たしていない。新規採用等の同一事例から見て、その時点でしかるべき支援があれば、この結果は出なかっただろうとも証言した。

〔丸山精神科医証言・基金側推薦〕

百合子さんのうつ病は、4月19日頃から症状が見え始め、5月18日前後が発症時期である。それ以降ではない。発症前の仕事は、クラスに適応の悪い2〜3人の児童がいた程度であり、特別に過重性はない。労働時間については、帰宅は6時頃、早朝勤務をしていてまじめだと思った。当該児童に関して百合子さんが苦労していた記録は、網羅的に読んだが、重大な参考資料とは思ってはいなかった。自殺時に判断能力が残っており、心神喪失膠着状態とは考えられず、自死は「本人の精神的脆弱性」からである…。

このほか百合子さんには、「地球の存亡の危機」にあたるようなそれほど強いストレス状況はなかったなど。「百合子さんの自死にいたった精神状態は、公務に起因するのか」という裁判長の質問に「わかりません」等々、傍聴者から失笑を買う証言がされました。

この日、「木村百合子さんの公務災害認定を求める裁判の公正な判決を求める要請署名」個人署名5188筆、団体署名194筆を裁判所に提出しました。

結　審

【第17回裁判（口頭弁論）／11年9月8日】（支援する会ニュース第18号より抜粋）

長い裁判でした。２００８年９月の口頭弁論から17回目、本日で結審し判決の日（12月15日）を迎えます。この日は、原告と原告代理人それぞれの意見陳述が、この裁判の意味を訴えていました。以下に抜粋。

〔原告・百合子さんの父木村憲二さんの意見陳述〕

《私たちの次女・百合子は、教師になることを夢見て、実現させ、喜び、子どもたちの成長のために全力を尽くそうと頑張っていました。その百合子が、教師になってわずか半年で、突然、焼身自殺という痛ましい死に追い詰められてしまいました。……なぜ自殺しなければならなかったのか、原因はどこにあるのか、せめてそれらを知りたい。……この裁判が、この国の教育現場の大変な状況を少しでも改善されていくことに繋がって欲しい。これが、私たち遺族がこの裁判にかける思いです》

〔原告代理人・小笠原里夏弁護士の意見陳述〕

《百合子さんが新規採用される３カ月前の平成16年1月、文科省は「小中学校におけるＬＤ、

ＡＤ／ＨＤ、高機能自閉症の児童生徒への教育支援体制の整備のためのガイドライン（以下ＧＬ）」を発表。教育関係機関に対し、ＡＤ／ＨＤ等の障害を持つ児童生徒に総合的な支援体制の整備に努めるよう呼びかけた。当然、静岡県教育委員会も、東部小学校長もこのＧＬ配布を受けたはず。

これはＬＤ、ＡＤ／ＨＤ、高機能自閉症の障害のある児童生徒に対し、個々の教育的ニーズを把握し、適切な教育や指導・必要な支援を行うことを「特別支援教育」と定義づけた。よって障害ありと診断を受けた児童生徒のみを対象とするものではなく、「学級担任や保護者の気づき」から始まり、本格的な特別支援教育が必要か否かの協議・判断も含んでいる。

校長向けに「小・中学校における特別支援教育の全校的な支援体制を確立する際に、校長自身がこの意義を正確にとらえリーダーシップを発揮することが大切」「各学校が特別支援教育にシステムとして全校で取り組むために、校長が作成する学校経営計画に特別支援教育の基本的な考え方や方針を示すこと。特別な教育的支援が必要な児童生徒への指導を学級担任任せにせず、校長が先頭に立ち、全教職員が協力し合い学校全体としての対応を組織的、計画的に進めるということを明確に打ち出す必要がある」と。

校長がＧＬに従って東部小で教育支援体制を構築していれば、百合子さんは学年主任や初任者研修指導員の理解・協力が得られなかったとしても、特別教育支援コーディネーターに相談し、当該児童の対応について助言を受けたり、同コーディネーターを通じて校内における調整を求めることができたはず。その助けは彼女の負担をどんなに軽減したことか。

ところが当時AD／HDという言葉すら知らなかった校長には、特別支援教育という視点は全くなく、彼女の死亡後に警察から「何か悩んでいなかったか」と事情を聴かれ、「いたずら小僧に手を焼いていた」と答え、その認識の次元はあまりにも低すぎた。彼女が初任者研修で受けた内容を引用した記録がある。

「児童の問題行動について、学校全体で一致した考えのもとに対処するために校長、生徒指導、学年主任などと話し合いながら指導を進めることが大切で、特に保護者への対応は、担任一人で行うことなく複数の教員が関わることで、冷静な判断や共感が行える」と。

この日の研修は、「校外での児童指導の実際と問題行動への対処の仕方」であった。「問題行動への対処の仕方」とは、彼女が抱えていた課題そのもの。「どうして東部小は文科省が言っていることを実践していないの!?」と心の中で叫んでいたはず。大ベテランの管理職の職務怠慢によるしわよせが、子どもたち、そして一番立場の弱い新採教諭を襲い、彼らを苦しめたことに原告代理人として強い憤りを覚える。文科省は、彼女のような犠牲を防ぐためにこそ、このGLを発表したはず。ところが教頭の証言態度からも明らかな通り平成16年から7年も経過した今でさえも、教育支援体制が未確立の学校はまだまだ多いと思わざるを得ない。……

判決の日、ご両親を先頭に多くの支援者が揃って入廷。

ご遺族を支えてきたのは「学校や教育委員会は平成16年当時の東部小における教育支援体制に問題があったことを認めて欲しい。そして、このような被害が二度と起きないようにきちんと体制を改善してほしい」という強い思い。裁判官におかれましては、このような原告らの思いに正面からお応えいただきますよう、要望致します》

判　決

【第18回裁判・判決／11年12月15日】

2011年12月15日午後1時32分、静岡地裁民事第2部の法廷に山﨑勉裁判長の声が響いた。

「地方公務員災害補償基金静岡県支部長が平成18年8月21日付けで原告に対してした地方公務員災害補償法に基づく公務外災害認定処分を取り消す」

判決はわずか1分足らず、主文の申し渡しのみで終了しました。傍聴席はしばらく静まったまま､涙と小さな歓声のさざ波が広がりました。静岡地裁は百合子さんの死は公務によると判断し、公務外の死亡であるとした地公災基金の認定を取り消す判決を下したのでした。新採教師の自死をめぐって、いったん公務外と認定されたものを地裁で覆したケースとしては初の快挙でした。

これまで、同様の裁判で公務災害が認められない理由はつねに「本人の弱さ」でした。今回も被告側は「精神的に未熟」「性格上の脆弱性」「同人の個人的な要因」をあげ、「公務と因果関係なし」と主張してきました。しかし、今回、裁判所の判断は彼女が新採でありながら直面した学級の困難、支援体制の欠如と圧迫を丁寧に分析した上で、「ストレスが非常に強ければ個体側の脆弱性が小さくても（精神が）破綻する」という「医学的知見」を採用し、精神疾患を発症させる危険性は「同種労働者の通常勤務できる」人を基準に判断すべきではなく、もっとも弱い立場の人を基準とするよう求めたのです。

さらに判決は、木村さんが「苦悩しながらも、できる限りの努力や責任感をもって、指導困難な児童Aに対応していた」と評価し、「児童Aの指導の困難性を否定し、4年2組のクラスの指導に困難を要したのが百合子の学級運営方法にあるとする被告の主張は採用することができない」としました。

学校の支援体制についても「こうした状況下にあっては、当該教員に対して組織的な支援体

判決後の報告集会。左からご両親、小笠原・栗田・塩沢弁護士。

報告集会は支援者のほか、多くの報道陣が。ＴＶで特集が組まれた。

制を築き、他の教員とも情報を共有した上、継続的な指導・支援を行うことが必要であるところ、本件全証拠をもってしても、かかる支援が行われたとは認められない」と体制に不備のあったことを認めました。

また、百合子さんが「4年2組の学級運営に関する困難な問題に対して、反省と工夫を繰り返し、懸命に対処しようとしていたものであり、結果的には、児童らによる問題行動の内容やその頻度、新規採用教員である百合子の経験の乏しさから事態が改善するに至らなかったという経緯等を踏まえると、同クラスの運営については、もはや百合子1人のみでは対処しきれない状況に陥っていたというべきである。そして、このことは、学校側においても十分把握することが可能であったし、指導困難に直面する中で百合子が疲弊し続けていたことは十分察知できたはずである」とも判示しています。

そして「かかる事態の深刻性に鑑みれば、少なくとも管理職や指導を行う立場の教員を始め百合子の周囲の教員全体において4年2組の学級運営の状況を正確に把握し、問題の深刻度合いに応じてその原因を根本的に解決するための適切な支援が行われるべきであったにもかかわらず、校長の認識としては『いたずら小僧に手を焼いていた』程度にとどまっていた上、指導教員には問題の深刻さが認識されなかった。また、個人的なアドバイスを一番多く行っていた教員であるとされるP教諭でさえ、5月初旬まで百合子が抱える問題を把握していなかったというのである

木村裁判地裁勝利を報じる新聞各紙

成23年）12月16日（金）　14版　社会　30

教諭自殺は公務災害

不認定取り消し「支援なく」うつ病

静岡地裁判決

静岡県磐田市で04年、市立小学校教諭だった木村百合子さん（当時24歳）が焼身自殺したのは勤務上のストレスが原因だとして、父憲二さん(62)が地方公務員災害補償基金を相手に公務災害認定を求めた訴訟で、静岡地裁は15日、原告の請求を認め、公務災害を認定しなかった同基金静岡県支部の処分を

基金側は、百合子さ

規採用された百合子さんがトラブルが多発する4年生のクラス担任となり、「立て続けに強いストレスにさらされ、適切な支援も受けられなかった」と、仕事がうつ病の原因になったと判断。発症後も「児童の問題行動が頻発し、学級運営が円滑に進まない状態が恒常化し」「うつ病により自殺に至った」と認定した。


合子さんにも問題があったなどとしていた。

判決はまた、百合子さんを「指導が悪い」などと批判し

な問題」と指摘した。

判決によると、百合子さんは同年9月、保護者から苦情の手紙が届いたのがきっかけで車中で焼身自殺した。

閉廷後に静岡市内で記者会見した憲二さんは、「学校の中がどう

新任教諭の自殺 公務災害と判断

静岡地裁

静岡県磐田市の市立小学校教諭だった木村百合子さん＝当時(二四)＝が自殺したのは仕事上のストレスによるうつ病が原因だとして、

断した地方公務員災害補償基金静岡支部の認定を取り消すよう両親が求めた訴訟の判決で、静岡地裁は十五日、原告の訴えを認め認定を取り消した。判決理由で山崎勉裁判長は「児童の問題行動が相次ぎ、強い心理的負荷を受けた」と指摘した。

判決によると、木村

1年12月16日（金曜日）

教師自殺は公務災害

磐田市立小　着任直後うつ病　認定

静岡地裁

静岡県磐田市の市立小学校に2004年に新規採用され、半年後に自ら命を絶った故木村百合子さん（享年24歳）の両親が公務災害の認定を求めた裁判の

補償基金静岡支部の認定を取り消しました。地裁で新任教師の公務災害判断は初めて。

判決は、着任後わずか2カ月足らずでうつ病を患い、

のに認められなかったことなど具体的に認定。その上で、精神的負荷の大きさについては最もぜい弱である者を基準とするのが相当

た。

両親は08年7月に提訴していました。判決後の報告集会で、父・憲二さん(62)は

塩沢忠和弁護団長は「異常な事態における業務の困難性を的確に認定した判決を被告は真摯（しんし）に受け

す。教職環境の改

がおきていたのか調査して、悲しいことが二度とおきないように対策をたてていってほしい」と目をうるませました。

教諭自殺 公務と関連

静岡地裁判決

静岡県磐田市の小学校の新任教諭の自殺をめぐり、遺族が、公務災害と認めなかった地方公務員災害補償基金の処分の取り消しを求めた訴訟で、静岡地裁は15日、「公務と自殺には因果関係がある」と述べ、処分を取り消す判決を言い渡した。山崎勉裁判長は「着任以降、公務で強いストレスにさらされ、適切な支援も受けられなかった」と認定した。


訴えていたのは、2004年に亡くなった木村百合子さん（当時24）の遺族。

判決によると、木村さんは同年4月、新任教諭として小学校の4年生を担

山崎裁判長は、学級運営が円滑に進まない状況が恒常化していたと指摘。教頭や上司も、会議の議事録に「思い込み激しい」「ぬプライド強し」などと記載するなど、木村さんの悩みの深刻さを認識せず、学校の支援態勢は「極めて大きな問題だった」と批判した。そのうえで、06年8月に「本人の性格などが原因となって自殺した」として公務外と認定した基金の判断は誤りだったとした。

遺族は04年12月に同基金県支部に公務災害の認定を請求していた。木村さんの父親の憲二さん(62)は判決後、「やっと一区切りついたなと感じた。（娘は）

東京地裁

『毎日』『東京』『朝日』『赤旗』2011年12月16日付

から、周囲の他の教員らと共有されていたとは認められない。確かに代わりの授業や、教室の見回り、指導の補助など、各々の場面における百合子の心理的負荷を一定程度減少させたものと解する余地はあるが、所詮一時的・応急的なものにすぎず、根本的に解決するものではなかった。このように、百合子の公務が新規採用教員の指導能力ないし対応能力を著しく逸脱した過重なものであったことに比して、百合子に対して十分な支援が行われていたとは到底認められない」と。

そしてうつ病の発症についても「精神障害(うつ病)の発症は、その公務の中で、同種の公務に従事する労働者にとって、一般的に精神障害を発症させる危険性を有する心理的負荷を受けたことに起因して生じ、増悪したものと見るのが相当である」。「そうすると公務と精神障害の発症及び自殺との間に相当因果関係を肯定することができる」とし、「本件自殺を公務外の災害と認定した本件処分は違法であり、取り消しを免れない」と断じたのです。

勝利の要因

判決は、木村先生の日常の教育活動をきちんと評価し、クラス運営についても様々な努力を評価し、しかもその困難はもはや、学校の支援なしには解決し得ないこと、そして学校が組織的な支援体制を築き、継続的な指導・支援を行うことが必要であったが、全証拠をもっても、支援が行われたとは認められないとしました。また、うつ病は、公務の心理的負荷が、発症させる程度に過重であった結果発生したものと認め、発症後も、発症以前にも増して強い心理的負荷を受けたものと認めています。

しかし、長時間労働やパワハラ（P教諭の叱責、教頭の叱責）は「指導の一環として行われたというべきで、証拠上直ちに認めがたい」として認めませんでした。

１９９０年代後半から、公立学校の教職員の過労死、過労自死、精神疾患の急増等が社会的に大きな問題となり、マスメディアにも、大きく取り上げられるようになってきました。木村裁判で画期的な勝利が実現したのは、第一に、弁護団のすばらしい活動でした。塩沢弁護士でさえ、当初、「教員は夏休みがあって、冬休みがあって、春休みがあって…、どうして過労死なんかするんだろう」という認識でした。

そこで、弁護団は、教職員を組織し、今学校はどうなっているのか、実態を知ることから活動を始めてくれました。弁護士の依頼で法律事務所に何回か教職員が集まり、学校の実態を知ってもらう努力をしました。尾崎裁判と連動する中で、弁護団は、学校の実態を認識し、弁論活動に生かしていただきました。

第二に、ご両親の並々ならぬご努力でした。訴えの依頼があれば、東京でも何処でも出かけて訴えておられました。

第三に、支援の会の力です。支援の会は、近畿から北海道まで会員が増えていきました。元教職員の方々が多数関わってくださり、インターネット上に裁判後の弁護士、遺族のコメントをアップしました。支援会員による口コミや、関係する団体組織にも働きかけていきました。そんな中で、地元の全教（全日本教職員組合）静岡の大きな支援を受け、取り組めました。全教本部も関心を示し、組合の教育運動誌『クレスコ』にも私の原稿を載せていただきました。

第四に、マスメディアの力でした。静岡だけでなくほぼ全てのマスメディアが全国ネットで、しかも前向きに真摯に報道してくださいました。第一線の記者の皆さんの誠実さと奮闘に感謝します。

終わりに

残念ながら、2011年12月28日、基金支部は基金本部の要請のもとに東京高裁に控訴しました。ご遺族は、これまで7年余りの苦悩をさらに長く背負い続けることになります。地方公務員災害補償法に基づき、被災者の救済のために基金制度ができているにもかかわらず、このような基金側の態度は許せません。本来の救済の精神に立ち返って欲しいと、心から念じています。

木村裁判証人尋問で見えた学校現場の現実

元小学校教員／ビデオジャーナリスト　湯本　雅典

※なぜ、木村裁判に通いはじめたか——私の実体験から

私は木村百合子さんの事件を書籍『新採教師はなぜ追いつめられたのか』（高文研刊）で知り、読了後すぐさま静岡県磐田市の蓮井康人さん（木村百合子さんの公務災害認定裁判を支援する会代表）に会いに行った。会って、一体何が起きたのかを知りたかったからだ。そこまで私を動かしたものは、私の実体験である。それはふたつある。

ひとつは、私の中途退職だ。私は２００６年3月、51歳で東京都の小学校教員を自主中途退職した。体調を崩したということもある。退職しても、運良く生活していける仕事があったということもある。しかし今考えると最大の理由は、こういう言い方は本当に現職教職員の皆さんに申し訳ないが、学校現場にほとほと愛想がつきたということだったような気がす

る。
そのきっかけとなったのが、私が東京都の英語教育について自分の意見を述べた新聞投書が『朝日新聞』に掲載され、それを理由に校長から人事異動を言い渡されたことだった。これは、氷山の一角にすぎない。東京都の学校現場では、子どもの教育について自由に議論することができない状況になっていた。それは、木村百合子さんの職場でも同様であったことは後述する。

ふたつめは、退職後の体験だ。私は、退職後「じゃがいもじゅく」という学習塾をほとんどボランティアで始めた。子どもに未練があったことが最初の動機だったが、「じゃがいもじゅく」を始めて5年間、「じゅく」に来る子どもたちを見ていて、ますます学校現場が子どもが生き生きと生活できる環境から遠のいているように感じている。

ひと言で言えば「競争原理の導入」である。

小学校からの「共通学力テスト」で学校ごとの評価をし、「習熟度別クラス」で子どもを競わせているのはその具体例だ。詳しく解説する紙数がないが一例をあげれば、私が「じゃがいもじゅく」をやっている品川区では文科省の「学習指導要領」とは別に、独自の「品川区小中一貫教育要領」なるものを作り、東京都内の他区とは違う内容の学習指導を行なっている。（２００６年4月1日より実施）

例えば算数では、次学年で教える内容の前倒し学習（例えば小4で「小数の乗法・除法」、小5で「約分」「通分」、小6で「正の数、負の数」、中1・品川区では7年生で「確率」など）をし、そのための独自の副教科書を使用している（これは、2002年4月実施の文科省旧学習指導要領と比較したもの）。また小学5年生から学級担任ではなく「教科担任」制をしき、中学校システムを導入している。

「じゃがいもじゅく」に来ている子どもたちは、このやりかたについていけてなかった。品川区のやり方に追随する区、都道府県は増えていると聞く。私には、今の学校からゆっくり、じっくり教わるという雰囲気がどんどんなくなっていくように見えてならない。

また公立小中学校への「競争原理」の導入の後を追うかのようにして、2007年から始まった「特別支援教育」。「じゃがいもじゅく」には「障害」を持つ子どもも多く来ているが、「普通学級」に通う子どもに対して「障害」を持つ、またはその「疑い」のあるとされた子に対して、「特別支援学級」「特別支援学校」をすすめるケースが以前より増えた。

一つ例をあげれば、中3のときAD／HD（「注意欠陥多動性障害」）の診断を受けた生徒A君は、学級担任から「行ける高校はないから」と「特別支援学校」への転校をすすめられた。あともう少しで卒業という時点で、クラスの仲間と別れる選択肢をつきつけられたのである。

A君は結局、猛勉強の末、私立高校に合格した。これは、極端な例かもしれないが、学習指導が困難な子どもに対するあまりにも安易な対応、またはほとんど当該クラスや当該校で手をほどこしていないことの一例だ。学校への「競争原理」の導入が、すべての子どもたちを不安の淵に追い込んでしまったようだ。

木村百合子さんも新規採用1年目、学習指導が困難な子どもへの関わりで悩んだ。しかし、私にはこの悩みが百合子さんの一生懸命さの反映だと思うのである。だからこそ、職場の仲間の応援・支援が不可欠だったにもかかわらず、百合子さんは「教員にむいていない」（2011年4月14日、第1回証人尋問、当時の教頭の発言）という見られ方をしていたのだ。この教頭先生の姿勢には、「じゃがいもじゅく」のA君の事例と相通ずるものを感じる。

私にとって、木村百合子さんの自死は他人事ではなかった。そして木村裁判は、現在の学校の歪みを反映しているとも感じた。だからこそ、私は出来るだけ多くの人（特に教員、親）にこの事件を知って欲しいと思った。そして毎回、東京の自宅から静岡まで裁判に通い、拙い撮影技術を駆使して映像を撮り、インターネット（ユーチューブ）で報告をした。

※尋問の中で見えた学校現場の実態

２０１１年4月14日、第1回証人尋問が行われ、木村さんが自死された当時の研修主任と教頭が証言台に立った。すでに「地方公務員災害補償基金、静岡支部審査会（以下、「基金」）」

は、木村百合子さんの公務災害申請却下の理由を以下のように述べている。
「平成16年4月以来、木村さんの担当クラスの動静については全職員で見守り、相談を受け、また、当該学年、他学年の教諭は、自分の教室に行くときは、必ず被災職員（木村さん）のクラスの前を通ることとし、みんな、本気になってやっていた等とされており、（中略）指導教諭をはじめ同僚教諭と被災教員との間には密にコミュニケーションがとられていたと考えられる」（平成19年12月20日「採決書」13頁）
しかし、実際はどうだったのか。それは、以下の証人尋問でのやりとりからはっきりと伺い知ることができる。

❶当時の研修主任の証言から

原告代理人「4月の段階で、クラスの子どものことで木村さんは困っていたのではないですか」
研修主任「わかりません」
原告代理人「木村さんのクラスがパニックになっていたことは？」
研修主任「聞いていません。ずっと木村さんのクラスについているわけではないので」
裁判長「あなたはどう把握されていたのですか？」

研修主任「4月は、それほど把握していませんでした」……

❷当時の教頭の証言から

原告代理人「2週間前に木村さんが記録したクラスの子どもの実践記録をあなたに送りましたが、ご覧になりましたか？」

教頭「見ていません」……

これらの証言からは、当時の学校内で管理職をはじめ同僚までもが百合子さんが悩み、苦しんだクラスの実態を一体どこまで把握できていたのか、という疑問しかわいてこない。少なくとも「基金」の言う「密にコミュニケーションがとられていた」という実態は伝わってこないというのが、私の実感であった。

※「弱い教師はいらない」という発想

私は、もちろん木村百合子さんに会ったことはない。しかし、百合子さんの人柄はわかる。それは、百合子さんの母・和子さんの証言（第2回証人尋問、2011年5月12日）からだ。

自ら命を絶つ数日前の休みの日、百合子さんは昼ごろまで布団をかぶっていた。「いつもと違う」と感じた和子さんは、百合子さんから学級での「ある子どもたちのいざこざ」の話を聞き、その時、当時の教頭が「お前は問題ばかりおこしやがって！」と言われたことを聞く。（この点について証人尋問で教頭は、「そんなこと言っていない」と否定）和子さんの目にはクラス運営の難しさ、子どもの状況の困難さが、「学校ではすべて百合子のせいにされているように映った」と言う。

一方「基金」側の代理人からは母・和子さんに対して、「百合子さんは、よく泣く方なのか？」とか、「百合子さんの児童観察記録は、字が乱雑で、とても人に見せるようなものではない」など、百合子さんの人格を否定しかねない発言まで飛び出た。つまり、百合子さんのような「弱い」教員は学校にいらないということを「基金」は言いたいのだろう。

本来公務員職場の健康と安全を、法に基づき守るべき立場である「地方公務員災害補償基金」からは、程遠い存在であると感じざるをえなかった。

※木村裁判は、子どもと教職員の生存権をかけた裁判

２０１１年12月28日、「基金」は木村百合子さんの自死は公務災害であると認定した静岡地裁判決を不服として控訴した。控訴理由は、「自殺とうつ病との因果関係を認める基準について、判決と基金の認識に食い違いがあった。慎重に検討した結果、控訴することが適切と判断した。因果関係がないことを改めて主張したい」（２０１１年12月29日、読売新聞）と

のこと。要するに、百合子さんのうつ病は本人の「弱さ」故のことであり、仕事とは無関係であるということだ。

この控訴には、12月15日の静岡地裁判決が、新採教師自死事件で「基金」がいったん公務外としたものを裁判で覆した初の快挙であったことから、これを「前例」とさせたくないという「基金」側の論理が働いているということはきっとあるだろう。しかし、控訴自体がもたらすもの、それは学校現場が今のままでいいというアピールでもあるのだ。本当に、今の学校はこのままでいいのだろうか？　私には、12月15日の地裁勝利判決後の報告集会で発言した小笠原里夏弁護士の言葉が、胸に突き刺さる。

「百合子さんが命をかけて訴えた問題に、先生方が目覚めていただきたい。何故こんな過酷な労働環境の中でがまんをして働いているのか。自分たちは信頼を受けるだけの守られた環境にあるのか。そこに自分たちの尊厳を確保できるだけの労働環境はあるのか。そこに目覚めていただきたい。それでないと百合子さんと同じことが必ずおこります」

今回の控訴は、第2、第3の百合子さんを生んでもいいとする「基金」からのメッセージなのだ。私は、この控訴を重く受け止め、全国の学校現場から「百合子さんに勝利を」のメッセージが裁判所に届くような運動をしなければならないと感じた。

木村百合子さんの裁判を見守って

故木村百合子さんの裁判を支援する会ニュース担当／磐田市在住　玉田　文江

「故木村百合子さんの裁判を支援する会ニュース」を担当してきました。木村百合子さん事件を知ったのは２００４年、自死された年の秋ごろだったと思います。近所の商店の顔なじみになっていた店員さんが、「議員さんなら話しといた方がよいと思うけど……」と教えてくださり、それが初めての情報でした。余りにもショックな大変なことであり、仕事上、詳細を調べなくてはと思いながらも見ず知らずの自分が無遠慮に立ち入ることに躊躇していました。

仕事仲間では密やかに情報が伝わっていました。しばらくたって知り合いの商店主から、「お客さんなんだけど大変なんだ。話を聞いてやって」と紹介され、ここでようやく木村さんご夫妻とコンタクトが取れてお邪魔することが出来ました。

Ｖサインの写真の前で、母親の和子さんからお話を聞き、毎日書いていた膨大な記録を見せて頂きました。当時の様子が詳細に記録されており、余りにも大変な苦労をされていたことに驚き、なぜ、早くから助けられなかったのかと憤りに変わりました。

静岡市から現職教諭や「静岡県働くものの安全と健康を守るセンター」の橋本さん、地元磐田の木村家と親交のある方などが集まり、蓮井牧師を代表として「支援する会」を発足。そこでニュース発行も相談しました。

２００８年6月21日、発足の会を開催。その報告と9月25日の第一回口頭弁論のお知らせに傍聴を呼びかけ、新聞掲載記事や会則などを載せて創刊号を発行しました。表題イラストに、百合子さんのお名前にちなんで、ユリの花をあしらったものをずっと使っています。その後の主な内容は、裁判の報告と次回裁判の日程案内を載せてお届けするというパターンにしました。

しかし裁判は、ドラマなどで見るように、裁判官や弁護士が声高らかに話し、傍聴者にもはっきり伝わるようなシーンとはまるで違いました。木村弁護団の塩沢弁護士、小笠原弁護士は適切な大きさの声ではっきり話し、苦労なく聞き取れるのですが、裁判長はあくまでも弁護士たちに向かって話しかけているのであり、傍聴席までは届きにくいものでした。また、被告側弁護士にしても、裁判官や原告側弁護士とコミュニケーションをとっている訳であっ

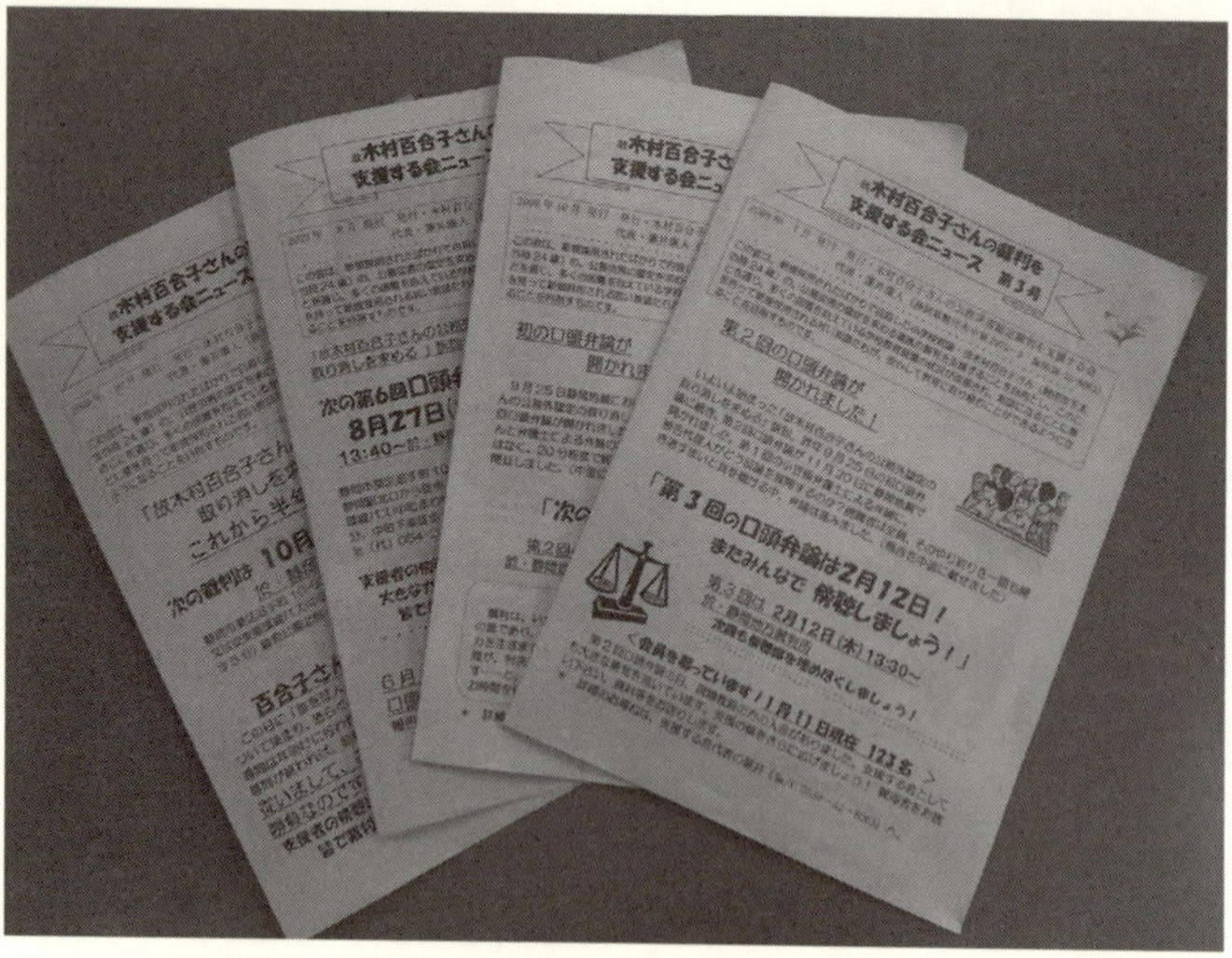

支援者たちに裁判の動きを伝え続けた支援ニュース

て、傍聴者に伝えているのではないのか、とさえ感じるほどでした。

裁判そのものも、口頭弁論の時期などは10～15分（？）あっという間に終わってしまい、流れが分からない日もありました。こうしたことをカバーしてくれたのが、毎回、裁判後に弁護士会館で開いて頂いた報告集会です。

両弁護士と、途中から加わった栗田弁護士による解説があり、これが記事の大きな部分を占めました。ニュース私案を作り、事務局メンバーにメール添付で送り、校正をして頂きます。裁判の内容に関しては、小笠原弁護士にチェックをして頂き安心して出しました。遅筆のため、ぎりぎりの日程作業になることが多く、小笠原弁護士が出張中には塩沢弁護士にもお願いをし、お忙しい中を丁寧にチェックして頂きました。仕事でどうしても傍聴に行けない日には、百合子さんの同級生のIさんが素晴らしい文章力で書いてくださいましたし、総会では出席された方に原稿を頂いて編集のみをしたりと、皆さんのお力をお借りしての発行でした。後半、ビデオジャーナリストの湯本雅典さんが毎回傍聴に見えて取材され、すぐにブログにアップしてくださったのにも大変助けられました。

２００９年の総会では、木村百合子さんの事件を著書『強いられる死～自殺者三万人超の実相』で取り上げたジャーナリスト・斎藤貴男さんをお招きしての講演会「強いられる死」を開きました。うつ病や自殺者の増加を経済の動きから解説。「競争社会で子どもや教師が大変な状況になっている…。木村さんの事件は他人事ではない。繰り返さないように、残った人はみんなで一緒に考えよう。手段はあるはず。企業も自浄能力を出し始めている。市民も、もっとよい社会に向けて絶えず意識を持ち、選挙や発言・運動などで意思を示そう…」と訴えたメッセージを載せました。

２００９年10月の第7回口頭弁論。「職場での百合子さんへのサポートの欠如」に対する塩沢弁護士の力強い言葉で応酬が始まり、東京高等裁判所で自殺に関しての公務災害が認定された「尾崎事件」の判決を踏まえて次々と質問をし、傍聴者は固唾を飲みましたが、この回ではドラマのような展開を見たようでした。

２０１１年４月、証人尋問のスタート。当時の教諭２人が証人でした。当時の百合子さんの様子などが細かく説明されることになり、ご家族にも傍聴者にも辛い時間でした。翌五月は百合子さんと同じような体験を持つ元教育者からの証言。三島市における教育現場での支援状況は、百合子さんの職場での支援のなさと対比でき、大変に心強い証言でした。

続いて6月、双方が依頼した精神科医の証言は頼みの綱と、大きな期待を持って見守りました。原告側天笠医師の証言での論理性や識見等には被告側とに大きな開きを感じ、勝訴の期待を抱きました。

２０１１年12月15日判決の日。関係者・支援者ともこの日まできっとよい結果を祈っていたことでしょう。「公務外災害認定処分を取り消す。訴訟費用は……」17回目の裁判で言い渡された判決でした。

この喜びを早速に伝えたいところでしたが、基金側の控訴により、まだまだ続く裁判を次号からまた報告しなければなりません。

第Ⅳ章

木村事件（裁判）が教育の現場に投げかけた課題

分析〈1〉

困難な課題をもつ子どもの担任を支えるためには何が必要だったのか？

北九州市立大学教授　楠　凡之

はじめに

Ａ君の危険行為に対してやめるように話そうとすると、顔も身体もそらして話そうとしないので、肩を押さえて話をすると、「痛い、離して！」「先生、殺す気？」と何度も言い、顔をそむけ続ける。体を自分の方に向けさせるが、顔はそむける。会話にならない。私の言葉が届かない！

（木村先生の６月21日のノートのメモより抜粋）

木村先生のＡ君との関わりをまとめたノートを読んでいると、「私の言葉が届かない！」という悲痛な叫びがひしひしと伝わってくる。しかし、Ａ君自身も、問題行動のかたちでしか表出できない自分の思いが他者には届かず、苦しんでいたのではないのだろうか。この苦しんでいる教師と子どもを、その困難な状況から救いだすためには何が必要だったのだろうか？　そして、なぜ、それができなかったのだろうか？

〈1〉A君の抱えていた問題をどう理解するのか？

(1) 乳幼児期の経過

木村先生のA君メモ（8月2日）の中には、母親が木村先生との面談の中で語ったA君の生育史の記述が書かれている。

2歳頃、うまくしゃべれず、噛むことが多かった。4歳頃、いろいろな子どもを噛んだ。その都度、母が謝りに行った。その頃、両親が別居し、離婚。父親は子どもをよく殴った。父が幼い頃もA君のように他の子どもを噛んでいたらしい。

通常の場合、1歳後半頃から保育園などでも友だちを噛む行為は多く見られるようになる。それはまだ自分の思いやつもりを言葉でうまく相手に伝えられないためである。したがって、多くの場合、2歳を過ぎ、自分の思いを言葉で言えるようになってくるにつれて、噛みつきは減少していくのである。

しかし、虐待的な養育環境に置かれてきた子どもや発達障害の傾向を持つ子どもの場合、自分の思いをうまく言葉で表現できないまま、相手に噛みつく行為が2歳以降の時期にも持続してしまうことが少なくない。4歳になっても、なおかつ他の子どもを噛む行為を示していたA君には、やはり発達障害の問題か、虐待的な養育環境の問題が存在していたと推測される。

ちなみに、母親の話によれば、A君の場合、4歳頃に両親が別居、離婚に至るまでに、父親のA君への暴力と両親間の激しい葛藤に曝され続けていた。また、A君が乳児の頃から夫との激しい葛藤のもとでの生活を強いられ、離婚後には一人親家庭として子育てと仕事の両立を求められ、心身ともに余裕がもてない状況におかれていた母親が、A君の思いに応答することはきわめて困難であったと推測される。

そのような困難な養育環境の中での傷つきが、A君の保育園での噛みつき行動を増加させたのであろう。

しかも、他の子どもに頻繁に噛みつき、そのたびにその家への謝罪を求められる状況は、母親にとって極めて精神的なストレスがかかることは避けられず、A君に対して厳しい叱責や体罰を繰り返す状況に追い込まれたとしても何らの不思議もないであろう。そのような困難な養育環境のなかで、父親だけでなく、母親との間でもA君は適切な愛着関係を形成できないままに、就学を迎えたと推測される。

ちなみに、反応性愛着障害とは、長期にわたる虐待やネグレクトなど、不適切な養育環境で育った子どもが、視線をそらしながら近づく、抱かれていても視線を合わせない、こちらが近づくと、逃げたり逆らったりする、といった、正常な場合にはみられない極度に不安定で複雑な行動を示すものである。最初にあった、こちらが真剣に向き合おうとすると「顔をそらす」というA君の行動には、それが強く感じられる。

(2) A君が学校で示す様々な問題行動の意味するもの

「隣の子どもの教科書や筆箱を机から落とす」「配られたプリントを捨て、教師が拾ってもまた捨てるという行為を繰り返す」「掃除中、水がかかったことに腹をたて、全員を並ばせて謝らせようとする」「給食のストローの袋をもって逃げて楽しむ」「わざと手をのばして女の子のクビに腕をぶつける」「級友たちがA君が可愛がっていたおたまじゃくしの水槽にザリガニを入れた。おたまじゃくしがザリガニに食べられたと誤解して怒り、ザリガニを3階から投げ捨てる」『前で（答えを）書いたらぶっとばす』と他の子どもを脅すので、課題ができた子どもが前に黒板に書きに行けない」「隣の席の女子の椅子をはずし、尻もちをつかせる」

女子を叩いた後の指導で、「なんで叩いたの」と尋ねると、「ストレスたまるから」「ストレスたまったら叩いていいの」「いいわけないじゃん。先生、何言っているの」

木村先生がA君の肩を持つと痛い、痛いと大げさに叫ぶ。

学校のなかでは、A君をAD／HDの傾向を持つ子どもであるという見方（木村先生はそのように捉えていた）と、いや、そうではないという見方の二つが存在していた。

純粋なAD／HDの児童の場合、多動性や衝動性はあっても顕著な暴力性や攻撃性は見られない。もしもそれがあったとすれば、それは周囲の不適切な叱責や体罰から生じる二次障害の問題であろう。そして、注意すべき点は、激しい体罰などを受けてきた児童と、AD／HDの子どもの症状が現象的には似ている点であり、そのために、被虐待児童がAD／HDの児童と誤解されることがある点である。A君の問題行動は筆者の理解を言えば、むしろ被虐待状況に置かれている子どもにはしばしば見られるものであるように思われる。

増沢高は被虐待児の特徴を次のように整理している。（竹中哲夫・長谷川真人・浅倉恵一・喜多一憲他編『子ども虐待と援助』ミネルヴァ書房／2002年　第2章7節）

①根深い不信感

人生早期から始まる養育者との正常な相互的なやりとりがなかったゆえに、外界、自分自身、時間、人間に対する基本的な信頼感が獲得されていない。大人を中心に外界は自分を脅かすものという不信感を強く抱いている。

②自己否定感

自分の存在を喜び、受け入れてくれる大人のまなざしがなかったため、自分はこの世に歓迎されていないといった、実存に関するマイナスの感情を強く抱いている。

③被害感

自己否定感から、周囲のささいな言動によって「大切にされない」「見捨てられた」などの被害感を抱きやすい。

④外界に対する恐怖感

衝動的な激しい折檻など、大人からの暴力、威圧、脅威にさらされ続けた結果、大人を中心とした外界に対して、恐怖感と警戒心を強く抱いている。

⑤萎縮

安心感や安全感に包まれず、脅威と恐怖の中での生活は彼らを萎縮させ、外界に対して主体的、創造的に関わり合う乳幼児期特有の活動体験を妨げてしまう。

⑥感情のコントロールの悪さ

感情のコントロールができにくく、すぐに怒りやすいと同時にそれを静めるのにも時間がかかる。対人関係でのトラブルの元になりやすい。

⑦感情の解離

手ひどい暴力を受け続けたなどによって、そうした虐待状況に伴う痛みや悲しみといった感覚をマヒさせてしまう防衛を身につけている。虐待体験が全くなかったかのように意識できない子や、平気で口にしても、そこに悲しみや、辛さ、苦しさなどが語り口や表情から全く感じられない子が多い。

⑧ありさまがころころと変わり一連の時間軸に沿った文脈の中に身を置けない

その場その場の体験様式であるために、相手や状況によって、言動が変わり一貫しない。以前起こったことがいつだったのか、何のことだったのか答えられない場合も多い。

⑨周囲の刺激への過敏性

いつも周囲を警戒し、ささいな刺激に反応してしまう。そのため落ち着いて物事に取り組むことができない。

⑩他者への激しい依存欲求とすぐに攻撃する傾向

大人への恐怖感の一方で、援助者を独り占めにし、自分の思い通りに動かそうと必死になる。要求が通らないときなど、援助者が自分の意にそぐわないと激しく怒り、攻撃する。

⑪盗み、嘘、徘徊、暴力、健全でない性行動などの行為問題

盗み、嘘、徘徊などが見られるが、それは虐待状況から逃避し、生き抜くための必然と理解できることが多い。行為が長期化したため、習癖となっている場合もある。衝動性の高さと、暴力行為に対する抵抗感のなさからすぐに暴力を加えてしまう。

木村先生のノートには、A君の木村先生に対する攻撃的な言動が多く記録されている。「きもい」「先生、俺たち、バカにしてない？」「先生、教師失格！　それでも教師！」「前や後ろに一生来ないで！　先生がくるとストレスがたまる」「けがれる」と叫ぶ。跳び箱の「横入り」を止めようとすると腕が赤くなるまで何度も叩く。「学校のことは学校で解決しろ！　先生は大げさすぎるとお母さんも言っていた」「家に電話かけたら殺すぞ！」「先生はすぐに他の先生に言う」。問題行動を制止しようとした木村先生の手や腕を何度もかじる、お腹を殴る、などの暴力行為を繰り返す。

A君のこれらの言動は被虐待児の示す問題事象として理解すると非常に了解できるものである。A君は、このような攻撃的な言動を繰り返しつつも、木村先生に、丸ごとの自分を受けとめてくれる関係を求めていたのではないだろうか。A君が木村先生に向けている攻撃的な言動は、本来は母親との関係の中に向けられるべきものであったのではないか。しかし、母親にA君のそのような言動を受けとめる心身の余裕はなく、体罰などに向かう時にはA君は母親の前では「いい子」として振る舞うしかなく、そこでの満たされない思いや葛藤は依存関係ができてきた木村先生との関係の中に投げ込まれていくのはある意味では当然であった。

ちなみに、母親によれば、前担任のP先生のもとではA君の問題行動はそれほど出ていなかったようである。前担任は、母親に対して、「昔の子どものような子ですね。今の子はおとなしいのが普通になっているが、自分たちの子どもの頃はこのようでしたよね」と肯定的に語っていたことが木村先生のノートには記録されている。

しかし、これは、幼少期にA君に暴力を揮っていた父親との関係を考えれば、被虐待状況に置かれてきた子どもが力の強い男性教師の前では従順になるのは当然のことであろう。それにもかかわらず、自分が担任の時にはほとんど問題を起こさなかったA君が、木村先生が担任になった時から激しく問題を噴出させ始めたことを、担任の指導力の問題に還元してしまったことが、今回の悲劇の最大の要因の一つであったのではないだろうか。

〈2〉困難な課題をもつ子どもへの理解と援助のための二つの視点

困難な課題をもつ子どもを理解するための基本的な視点としては、

(1)子どもの〝view〟(子どもからみた時の見え方、感じ方)への共感的理解、(2)自らの発達(development)に必要な「発達の源泉」を求める「発達要求」としての理解、の2つの観点が重要になってくると考えている。以下に、この2つの視点について説明したい。

(1) 子どもの〝ｖｉｅｗ〟（子どもの意見、子どもからみた時の見え方、感じ方）への共感的理解

Ａ君に典型的に見られるように、様々な問題行動を表出するがゆえに、学校現場で「困った子ども」という見方をされてきた子どもに対して、「困った子ども」ではなく、「困っている子ども」として捉えていくことの重要性が今日、指摘されてきている。

例えば、Ａ君のような、被虐待状況に置かれてきた子どもの他者への攻撃的言動も、「他者に甘えたい。でも、どのように甘えていいのかがわからない」という困り感や内的葛藤の表現として理解していくことが援助の前提になってくると考えられる。そのような理解があってはじめて、子どもが起こす問題行動ではなく、その背後にある子どもの思いを常に問いかけ、考えるスタンスに立つことが可能になるのである。

このようにして、子どもの問題行動ではなく、その背後の思いやわけを理解していく姿勢を示し続けていくことによって、「この先生は自分の起こす行動ではなく、自分の思いをわかろうとしてくれている」という教師への信頼感が育まれていくのである。

さらに、その子どもの思いを教師が理解するだけでなく、他の子どもたちにも伝えていくことも重要な課題であろう。そのことによって、単に「いつも問題を起こす悪い子ども」という見方

ではなく、「行動はよくないけれども、でも、その気持ちはわかるよね」という共感的理解が生まれてくると、「このクラスの仲間は自分を受けとめてくれている」と感じることができ、少しずつではあっても、自分の思いを仲間集団の中で表現することが可能になっていくのである。

A君は木村先生への攻撃的言動を繰り返しつつも、本当は自分の両親からは与えてもらえなかった愛情を、丸ごとの自分を受けとめてほしいという思いを表現し続けていたのであろう。しかし、被虐待状況に置かれた子どもの示す問題事象の背後にある思いを理解するために必要な学習をしていなければ、自分に向けられてくる攻撃的な言動からA君の願いを読み取ることはあまりにも困難であり、「私の言葉が届かない」という悲痛な思いに駆られていくことは避けられなかったであろう。

しかし、他の教師が問題行動のかたちでしか表出できなかったA君の思いを読み取っていなかったわけではなく、A君に対して、ベテランの教員はそれなりにA君の内面の思いを引き出し、理解していたように思われる。

A君と前担任のP先生との話について、木村先生のメモには次のように書かれていた。

「この頃、自分がどうして悪いこと（落書きや立ち歩きなど）をしてしまうのか、わからない。どうしていいのかわからない。Aは自分なんて……と自己評価がとても低いとのこと」

この言葉を引き出せていることには大きな意味があり、そこから、A君の自己評価の低さの背後にある、これまでの傷つきの体験にまで洞察が及んでいけば、A君に対する理解と援助につなげていけたであろう。

また、同僚の先生からのA君との話も木村先生のメモには残されている。

「母親はＡＭ５：30から仕事に行くので、朝は会わないそうです。夕飯はみんなで食べるそうですが、母親の帰りがＰＭ６：00を過ぎることもあると言っていました。A君はもっと母親に甘えたいんだと思います。でも、それができないので（愛情不足ということになり）精神が安定しないのでは？　いつも自由帳に絵を描いていますが、それが一番のストレス発散というか、落着いているようです」

これらのA君への理解を総合していけば、「自分でも自分の衝動をコントロールできず、どうしていいかわからないで悩んでいる」A君、「母親に甘えたいけれども、甘えられず、寂しさとストレスを抱えている」A君の生きづらさや葛藤を教師集団で共有していくことはできたのではないか。

それだけに、このようにして「甘えたい」「丸ごとの自分の存在を受けとめてほしい」という要求を持ちながらも、原家族との関係で表出できなかった傷つきや葛藤、怒りの感情などが、最も身近な存在である木村先生に対する反抗的、攻撃的な言動として表出される状況になっていることをケーススタディを通して共感的に読み取りつつ（アセスメント）、それに対する具体的な対応と教師集団の役割分担（プランニング）を行っていくことは十分に可能であったのではないか。

そして、Ａ君の行動そのものは認められないとしても、その背後の思いは丁寧に言語化し、聴きとっていくことができれば、教師集団として、Ａ君の自立を支援していくことは不可能ではなかったと考えられる。

たとえば、前担任にＡ君が語っている言葉でいえば、問題行動を繰り返す「困った子ども」というＡ君理解を超えて、「自分でもどうしていいかわからなくて困っている子ども」という捉え方の転換を行ないつつ、Ａ君自身が周囲からのサポートを上手に活用しつつ、自分の行動をコントロールしていく主体になっていく援助などが考えられたであろう。

ちなみに、小野由岐の実践報告（『生活指導』２００４年９月号）の中では、他児に暴力を揮うのを止めようとした小野に、「おまえがいけないんだ」と殴りかかってきたシオンが、やがて、「父さんが母さんを殴る。ぼくと姉ちゃんはすぐ布団に潜る。叩かれるのが怖いから。でも、音がする」と泣きじゃくり、「殴るのは本当はいやなんだよ。でも、殴り出すと止められなくなる。ぼくがぼくを止められないんだ！」と言いながら泣き続ける場面が出てくる。しかし、このようにして「ぼくがぼくを止められない」と語ることができた子どもは、先生や仲間とのつながりに支えられて、「ぼくがぼくを止められる」力を育んでいくことができるのである。

(2) 自らの発達（development）に必要な生活世界（活動と人間関係）を求める「発達要求」としての理解

子どもたちが自らの内的な力や発達のエネルギーを自然や社会とのつながりの中に表出していく通路を奪われていく時、そのエネルギーは屈折や内攻化を余儀なくされ、一方では暴力や器物破壊などの問題行動として、もう一方では自傷行為や身体症状として表出される結果になっていく。それだけに、子どもの問題行動を発達への権利を剥奪されていることへの無意識的な異議申し立てとして理解していくこと、すなわち、問題行動を適切な発達の源泉となる生活世界を求める「発達要求」として捉えていくことが何よりも重要になってくるのである。

問題行動をそのようにとらえた時、「子どもの問題行動をいかに抑え込むか」という発想を乗り越えて、子どもが問題行動のかたちで表出してしまっている発達のエネルギーを豊かに発揮できる生活世界（活動と人間関係）を子どもたちと一緒に創造していく実践を構築していくことが可能になっていくのである。

そして、この問題は、ソーシャルワークなどで強調される〝strength〟への着目という視点とも関連している。ここでの〝strength〟とは、単にその個人の持っている長所という意味ではなく、現在は表面には出ていないが、その子ども・個人が潜在的に持っている可能性や力という意味も内包している。その意味では、一見否定的に見える問題事象の中にある、子どもたちの潜在的な力、〝strength〟を発見し、その力を発揮できるような社会的なつながりを築き、支援していく営みがソーシャルワークなのであり、それは教育実践の課題ともつながるものであると考えられる。

そして、A君の場合でも、教師に対する度重なる攻撃的な言動を通じて、「自分の存在を丸ごと受けとめてほしい」という要求を出していただけでなく、様々ないたずらや破壊行動などを通じて、この少年期にふさわしい豊かな生活世界を保障してほしいという発達要求を表出していたとも言えるのではないだろうか。そして、前担任の男性教員が比較的A君との関係をうまく作れていた理由の一つは、そのような少年期の活動を創り出すことに成功していたからではないだろうか。

それだけに、A君の場合でも、彼の発達のエネルギーを発揮できるような少年期の活動をどう作り出していけるのかは大きな実践課題であったと考えられる。たとえば、A君はおたまじゃくしなどの生き物にはとても関心を持っていたので、そこから「生き物クラブ」の活動に発展させ、その活動を通してA君が仲間集団から承認されるような体験を保障していくことなどが考えられるであろう。

そして、これは決してA君だけの課題ではなく、豊かな少年期の世界を奪われている多くの子どもたちが共通して抱えている発達要求なのである。それだけに、A君のそのような発達要求を読みとり、その要求を実現できるような生活指導実践を展開していけるような支援が、周囲には求められていたと考えられる。

〈3〉木村先生を死に追いやったもの

しかし、多くの教育現場ではそのような子ども理解がなされず、「ダメなことはダメと言う」というように、子どもの問題行動に対する「強い指導」が求められ、そのように指導できない若い教師が批判の矢面に立たされる現状が存在している。そのような学校現場の現状の中では、木村先生のまじめさと誠実さは一層本人を追い詰める方向に作用してしまったのではないか。ここでは、いくつかの観点から、学校の対応の問題点を整理してみたい。

(1) 周囲からの眼差し

管理職と高学年部の主任の会議である「なっとうく会議」のまとめ（甲第66号証）では、木村先生に対して、「だめなことはだめと言える教師に」（5月12日）、「元気すぎるくらい元気な先生をめざして」（6月2日）、さらには「家庭はキリスト教、毎日曜日教会へ出かける。思いこみ激しい。つまらぬプライド強し」（6月9日）という記録が教頭の手によって公文書として記載されており、特に管理職の、木村先生に対する冷たい、差別的とさえいえる眼差しを感じざるを得ない。

もちろん、「教師に笑顔が少ない。↓みんなで声をかけていこう」（5月26日）もあり、学校としての支援が考えられていなかったわけではなかったであろう。ただし、「元気すぎるぐらい元気な先生を」という眼差しでの支援は、少なくとも木村先生の支えとなるものには到底ならなかったであろう。

また、A君の問題行動の背景や木村先生本人の精神状態を十分に踏まえない他の教員の言葉かけ、たとえば、「悪いのは子どもじゃない、おまえだ。おまえの授業が悪いから荒れる」（少なくとも、本人はそのように言われたと受けとめていたことが友人へのメールから明らかになっている）などの言葉かけも木村先生をさらに追い詰める結果になったことは否定できないであろう。

ちなみに、この発言をしたとされる前担任のP先生は、「自分が言ったのは、悪いのは子どもばかりじゃない、子どもを変えたければ、自分が変わらなければ変えることはできないよ」と述べたと主張している。しかし、この発言内容であったとしても、果たして追い詰められている木村先生が受けとめられるものだったのだろうか。実践の見通しと希望を、その先生と一緒に描き出せないところでの批判は追い詰めるものにしかならない。もちろん、P先生の「思いっきり子どもと一緒に遊ぶ」「掲示を工夫する」などのアドバイスそのものは適切なものであったと考えられるが、うつ状態の木村先生には無理な要求であったのかもしれない。

さらに、うつ病が進行し、適切な学級経営が一層困難になっていたと考えられる6月25日にも、クラスの朝の会の規律を作れていなかった木村先生に、「アルバイトじゃないんだぞ」と叱責したことはP先生自身も認めている。

確かに周囲の教師からみれば、うつ病の影響もあり、子どもへの適切な指導が困難な状況、周囲の教師の助言もうまく受けとめられない状況になっていた木村先生の行動や態度はいらだちを感じさせるものであったのかもしれない。しかし、うつ病になると思考の柔軟性は失われ、また、周囲からの言葉かけを否定的に解釈してしまう状況になるのは当然のことであろう。その意味では、木村先生へのサポートを行っていくためには、うつ病がもたらす影響とそれに対する支援のあり方について、もっと学校現場での理解がなされる必要があったのではないだろうか。

(2) 学校の根本的な「生徒指導観」の問題

そのような周囲の眼差しと同時に、木村さんの勤務していた小学校の根本的な「生徒指導観」の問題も批判的に検討される必要があるのではないだろうか。

第3回生徒指導委員会（H16・7・5）の文書には次のような記載がある。（甲第67号証の3）

少し長いが、本学の生徒指導観を理解するうえで重要であると考えられるので、紹介したい。

3. 新「のぎわっ子のやくそく」について
（案）○ のぎわっ子は、ていねいな言葉づかいで話します。
○ のぎわっ子は、一生けんめいそうじをします。
○ のぎわっ子は、気持ちのよいあいさつ・返事をします。

理由
学校自慢（のぎわの里にＫＴＡ）と関連づけた内容にすれば、児童の意識もより高まる。
丁寧な言葉遣い → 仲間意識の高揚
一生懸命な掃除 → 環境美化
気持ちのよいあいさつ・返事 → 礼儀
▪児童の実態（思いやりに欠け、仲間を傷つける言動が見られる。乱暴な口調が目立つ。額に汗して働く清掃になっていない。掃除の開始時刻に遅れることがよくある。〝あいさつがしっかりできている〟という評価がまだ半ば。など）から、継続した取り組みが必要である。
▪「かなり劣悪な環境の下（＝家庭での教育力があまり期待できない）でも問題行動を起こさない少年の資質を、学校現場で育てていかなければならない」という今日的な生徒指導の課題の解決に有効と思われる。
〈問題行動等を起こさない生徒の特徴〉
※ 勤勉さを持続している。↑ 一生懸命な掃除によって
※ 他者と感受性豊かにかかわれている。↑ 丁寧な言葉遣いによって
※ よい集団（ex.学級、学校、地域）への同一化が図られている。↑ 総力を挙げて取り組んでいるあいさつ運動によって
◎自分に対する良い評価をもっている。↑ 教職員がよき評価を与え、適切な期待と役割を与えることによって、自分に対する悪い評価をもつと、問題行動に対する心理的な抵抗力や免疫がなくなり、（問題行動を起こしてもかまわない）と考えるようになる。

この生徒指導委員会の提案では、問題行動を表出せざるを得ない子どもの内面はまったく無視されており、「掃除・言葉遣い・挨拶運動」などの、「見た目を整える」生徒指導が、A君のような「かなり劣悪な環境の下」に置かれた少年の資質の改善にあたかも有効であるかのように書かれていて、いささか驚きを禁じ得ない内容である。

もしも、このような生徒指導観に基づいた支援が行われるのであれば、幼児期から父親（現在は離婚）の暴力に曝され続け、また、現在もA君の問題行動に対して厳しい叱責を行う状況に追

い込まれている母親の下で暮らしているA君への適切な理解と指導ができるように木村先生を支援していくことは到底不可能だったのではないか。

さらに言えば、このような生徒指導観に基づいてA君を指導することを求められれば求められるほど、木村先生とA君との関係はさらに悪化し、二人が苦しむ結果にしかならなかったであろう。

そして、このような「かたちを整える」指導をすれば、子どもの内面（人格）までが形成され、問題行動を事前に予防することができるという、あまりにも皮相な生徒指導観（これが「積極的生徒指導」と呼ばれることもある）は、今日、さらに拡大してきているのではないか。

(3) 最後の引き金とも言えるA君の保護者からの手紙

木村先生の自死の前日、A君の母親から、木村先生の指導方法や子ども観を厳しく批判する手紙が届いていた。その手紙の内容は、木村先生を極めて否定的に見ていた教頭でさえも、「自分が受け取ってもショックだ」と感じるほどの内容であった。

しかし、その一方で、その手紙の内容は、一人親家庭として子育てしている母親自身の思いとしては、とても理解できる内容でもあった。日々、我が子の問題行動や事件を学校から報告され、その指導を求められる。あるいは他の子どもの保護者への謝罪を求められる状況は、ぎりぎりのところで生活している保護者にとっては強いストレスと学校不信、教師不信を生みだしかねないこと、また、我が子に対する体罰を含む厳しい叱責につながっていくことは容易に予想される事態であろう。

しかし、その手紙の内容が理不尽なものではなく、ある意味では的を得た批判であったことが、うつ状態に追い込まれていた木村先生にとっては、この手紙が自分のすべてを否定されるものと受けとめられ、実践への希望、さらには生きる希望さえ見失うものとなったとしても、何ら不思議ではなかったのではないか。

おわりに

木村先生の自死から、私たちは何を学びとらなければならないのだろうか？

これまで述べてきたように、A君の言動は被虐待状況に置かれた子どもにしばしば見られる問題であり、そのような視点からA君を共感的に理解し、A君が問題行動でしか表出できない自分の思いを適切に理解することが求められていた。そして、A君が自分でも抑えられない衝動をコントロールしていく方法を一緒に考えてくれる他者、そして、彼の持つ発達のエネルギーを発揮できる生活世界（活動と人間関係）を一緒に作り出してくれる他者との出会いを通じて、A君自身が自らの課題を乗り越えていく援助が求められていた。

しかし、そのような実践を新採の教員が、しかも、自分自身がA君からの攻撃的言動にさらされている状況の中で実践していくことはあまりにも困難であり、学年集団として、あるいは学校としてA君の問題を理解し、木村先生が実践の見通しをもって取り組める援助が必要であった。

しかし、それができなかった原因として、やはり次の点は指摘せざるを得ないであろう。
①A君の問題行動をどう抑えるかに意識が向かい、A君の行動の背後にある思いを理解していく子ども観と指導観の、学校全体としての弱さ
②周囲の教師の支援が、「すぐに他の先生を呼ぶ」というA君の反発のように、木村先生とA君との関係をさらに悪化させる方向に作用し、木村先生がますます教育実践の主体となる権利を奪われていく状況、「無力化」する方向に作用してしまったこと（ただし、周囲の教師が入れば入るほど、担任が無力化させられていく状況は、多くの崩壊状況にある学級で生じている問題であり、これに関しては一概に教師集団を批判はできないと考えている。どのようにすれば、困難な状況に直面している教師の主体性を奪うかたちではない支援を周囲が行うことができるのか、この問題の解明は大きな実践研究の課題でもある。）
③問題行動を表出する子どもへの指導を行えないことを教師の「自己責任」として捉える見方、教師の人格の問題に還元する見方が教頭を中心に顕著に見られ、その周囲から向けられる眼差し

によって木村先生が絶望的な孤立無援感に一層追い詰められていったこと

この悲しい事件そのものは、今から7年前のものである。しかし、今日、ゼロトレランス[注]に基づく「強い指導」が推し進められ、問題行動の背後にある子ども虐待の問題にかえって目をそらす状況さえ、学校現場には生まれてきているのではないか。

しかも、新採教員がそのような問題を抱える子どもを抑えこむ指導を求められ、そうできなければ周囲から批判されるような状況のもとでは、このような悲劇が繰り返される危険性は決してなくならないであろう。子どもの問題行動の「意味」を学校全体として洞察していく力と、子どもが自らの課題を乗り越えていける援助を担任任せにするのではなく、学校全体として支援していけるシステムづくりが、今、切実に求められている。そして、そのことだけが、木村先生の死を無駄にしないために私たちができることなのではないだろうか。

〔注〕ゼロトレランス（zero-tolerance）　学校が明確な罰則規定を定めた行動規範を生徒と保護者に示し、規範を破った生徒にはその動機や状況を一切考慮することなく、その規定（無期停学、退学、オルタナティブスクール送りなど）に合わせた処罰を行う生徒懲戒の方法である。1990年代にアメリカの学校で急速に普及し、日本の一部の学校にも導入されている。

分析〈2〉

法廷・裁判・判決が教育について問うたもの

一橋大学名誉教授

久冨　善之

小序──小論で考えること

２０１１年12月15日に言い渡された木村事件裁判への静岡地裁判決文全45ページを、感銘をもって通読した。

もちろん、判決がこの姿を取るまでには、事件そのものの深刻さ、それを訴えた被災者両親の意志、７年に及ぶ支援のとり組みと広がり、原告代理人としての弁護士諸氏の奮闘、などなどのたくさんのことがらと努力の重なりを抜きには考えられない。ただし本書では、事件の経過については第Ⅱ章「遺されたノートから」に詳しい論稿があり、裁判経過と支援のとり組みについては第Ⅲ章「公務災害認定をめぐる闘い」に的確な記述があるので、それらに譲りたい。

小論は、法の世界にまったくの素人で、裁判闘争にとり組んだこともなく、木村裁判も証人尋問を一度傍聴しただけの筆者が、この判決文を読んで、「法廷・裁判・判決というものが、教育の世界の何を理解し、何を断罪し、何を問いかけているのか」という点について考えさせられた点をまとめたものである。

それらは当然、裁判を通じた「争点」に関わる。しかし、一連の法律的な「争点」に対して判決が持つ法的な意義に言及する力量のない筆者の考察は、判決の中の「教師の仕事の難しさ」と「困難に陥った教師への支援のあり方」という2点について、教育と教師の仕事を考えてきた者としての「ある受け止め」ということになる。

〈1〉新採教師が直面した学級の今日的難しさについて

①学級のできごとの時系列的事実認定

判決文は、「当裁判所の判断」のなかの「認定事実」の一環としてpp. 22～27の6ページにわたる「4年2組におけるトラブル等の出来事の発生とこれに関する百合子の感情等」の部分で、

「ア」の4月6日・入学式から、「ナ」の9月29日の自殺まで、21項目にわたる出来事を、証拠・証言・弁論を根拠に「事実認定」している。とりわけ「イ」～「ト」の19項目では、担当クラスが4月当初から、話を聞かない、騒がしい、児童間の暴力、いじめ、パニックを起こす子ども、教室飛び出し、などの問題行動が次々と起こり、それへの親からの苦情への対処も含めて、木村さんがそれらにどれだけ悩み、苦しみ、何とか改善しようと懸命に努力し、周りに支援も求めながら、容易には改善しないまま、事態が5月・6月・7月、そして夏休み明けと続いていることが、日付順に記述されている。

②学級でのトラブルの深刻さ認識

この点について「被告の主張」、つまり地方公務員災害補償基金（以下、基金）側の主張は、うつ病発症以前（＝5月半ばまで）の「4年2組で生じたトラブルは、いずれも日常起こり得る出来事で、それほど深刻なものではなかったのであり、これらは新規採用教員を含め、ほとんどの担任が経験するものであった」（p. 17。ページ数は「判決文」のもの。以下同じ）と、その大変さにほとんど無頓着である。だが判決文は「百合子の公務過重性」のなかの「うつ病発症前の公務」に関する**「4年2組におけるトラブル等の出来事の発生について」**（pp. 34―37）の箇所で、**「これらは、個々の問題ごとにみれば、教師としてクラス担任になれば多くの教師が経験する**

ものであったとしても、百合子の場合は、着任してわずか１か月半程度の期間に、数々の問題が解決する間もなく立て続けに生じた点に特徴があるのであり、かかる状況は改善される兆しもなかったことからすれば、新規採用教員であった百合子にとり、上記公務は、緊張感、不安感、挫折感等を継続して強いられる、客観的にみて強度な心理的負荷を与えるものであったと理解するのが相当である」

と記述し、被告側の主張をはっきり排除して、木村さんが直面したクラスの大変さと、それに伴うストレスの強さとを判断している。

③一人の児童の指導困難さのレベル

また木村さんをもっとも悩ませたA君について、被告＝基金側が「児童Aは、百合子が担任するまでは特に指導困難な児童でなく、５年次以降も同様であった。――児童Aとの信頼関係を築くことができなかった百合子の態度にこそ原因がある」（pp. 16―17。判決文では「児童N」とあるが、ここでは本書全体に合わせて「児童A」とする。以下、同じ）と主張するのに対して、判決文は、**「かかる年代の児童においては、指導する者の年齢・性別・経験等によってその指導に対する反応が異なることは十分あり得ることであり」**として、Aの起こすパニック、暴言、飛び出しなどの具体的事例を挙げて**「百合子が同児童を担任していた当時において、学級担任を務める教師として**

通常担当するであろう手のかかる児童という範疇を超えた、専門的個別的指導・対応を要する児童であったというべきである」と、被告側の主張する「木村さん個人責任」論をはっきりと否定して、その指導困難さを判断している。

④人前での涙は「脆弱さ」か、「苦悩の深さ」か

さらにまた被告＝基金側が、4月の間に「涙を流す」「定時帰宅を申し出る」などの事実を当人の「精神的に未熟な面」「性格上の脆弱性」（p. 19）とする主張に対して、判決文は、「着任して1か月も経たないうちに次々と起こるクラス内での問題に直面し、他の教員の十分な支援も受けられないまま孤立感を強め、苦悩していたことからすれば、百合子がかかる行動に出たことも無理からぬところがあるというべきである」（p. 41）

として、個体的脆弱性をはっきり否定し、むしろそこに木村さんの苦悩の深さを読み取っている。

これまで指摘した判決文の4点の特徴は、いずれも「今日の教育が直面する、とりわけ新採教師が当面する困難についての深い理解」を示していると考える。

判決はまず、「そのくらいは誰にも起こること」と表面的に眺めることをせず、木村学級で起こったことがら、その一つひとつの連続・積み重ねを事実に即して直視している。そして、そこに一人の新採教師が直面し抱え込んだ困難が、新米の教師個人では容易には改善へと導けない大変な難しさであり、それ自身が「公務の深刻な過重性」であった点を正確に理解している。これは、ことがらに対する基金側の無理解・無神経とは実に対照的な、日本の教師たちが今日直面する困難について、一つの事例に即した深い理解を示すものである。

起こっている事態の大変さに対するこのような理解の深さが、この判決文のいろんな側面の基礎になっていると思う。たとえば右の④を「脆弱さ」ではなく「苦悩の深さ」とする判断もそこから導かれている。

またたとえば、勤務状況・勤務時間については、原告側の「過重」との主張をむしろ否定して、被告側の主張を受け入れている（そのことは「持ち帰り仕事」の多さに対する配慮を欠いている判決の問題点である）のだが、にもかかわらず、クラスで起こっていることがらの深刻さ・大変さのレベルから、「うつ病発症につながる過剰な公務負担」という決定的な判断が導かれている。それはさらに、次節〈2〉で検討する「支援のあり方」についての認定と判断にもつながるものである。

判決文のこの際立った特徴が持っている、教師の今日的困難を考える上での意義は、〈3〉節で改めて議論したい。

〈2〉困難に直面する教師に対する支援はどのようであって支援たり得るか

①新採教師の直面した困難に対する「支援体制」の決定的な不十分さ

判決文は、「百合子に対する支援体制について」（pp. 37―40）の箇所の冒頭で、「百合子の公務は、新規採用教員の指導能力ないし対応能力を著しく逸脱した深刻な過重性を有するものであり、こうした状況下にあっては、当該教員に対して組織的な支援体制を築き、他の教員とも情報を共有した上、継続的な指導・支援を行うことが必要であるところ、本件全証拠をもってしても、百合子にかかる支援が行われたとは認められない」という、その支援体制がいかに不十分なものでしかなかったかという一つの結論的判断を示し、以下4ページにわたって、その「支援体制の不十分さ」を具体的に指摘している。

②「事態の深刻さ」に対する支援体制側の認識欠如

被告＝基金側はこの支援について、拠点校指導教員と校内指導教員がいたこと、他の教員が空き時間に指導補助に入るなどを挙げて、十分過ぎる支援体制が取られていたと主張する（pp. 17―18）。これに対して判決は、校長の認識が「いたずら小僧に手を焼いていた」程度だったこと、指導教員は「初任者研修資料に記載された百合子の悩み」に対して「問題の深刻さが認識されなかったため」実質的なアドバイスがなされていない、個人的アドバイスを行った教師も当初問題を把握していなかった、などの認定事実を挙げて、**「上記事態（学級の深刻な困難）の情報が、周囲の他の教員らと共有されていたとは認められない」**と、まず支援体制側の認識の浅さと不十分さを指摘している。

③なされた支援の一時的応急性と個人責任追及性の指摘

判決はさらに、その時々になされた「支援」の内容が、学級内トラブルにガードマン的に割って入るなど**「所詮一時的・応急的なものにすぎず」**、また学校管理体制側でこのクラスの問題を議論した4月・5月の会議録記載が**「百合子に対して批判的な内容となっており、支援という方向での検討が一切見受けられないことも極めて大きな問題というべきである」**との判断を示して、その支援の不十分さと「支援でなく批判に」なる問題を指摘している。

④支援を「拒否ないし求めなかった」のか「相談し援助を求めていた」のか

被告＝基金側は「他の教員から十分な支援を受けていたのであるが、百合子自身がこれを拒否して自ら問題を抱え込んでいたものである」（p. 18）と主張する。しかし判決は、新採教師に記載・提出義務のあった初任者研修資料と指導週案に**「学級運営に当たっての問題点やそれに伴う苦悩や焦燥感」**を4月から頻繁・詳細に報告していたのだから**「相談する機会を生かしていなかったとは到底いえない」**と被告側主張をはっきり排除し、木村さんが深い苦悩と努力の中で、同時に周りにも相談し支援を求めていたという判断をしている。

⑤「画一的支援」か、「事態の深刻さに即した支援」か

支援について総じて被告＝基金側は「通常の新規採用教員に対する以上の特別の支援がなされていたというべきである」（p. 18）と主張する。しかし判決はそういう主張に対して**「新規採用教員に対して行われる画一的な指導や一定の対応がなされていさえすれば支援体制としては十分であり、それ以上に個々のケースにおける公務の過重性やそれを克服する困難の程度に目を向ける必要はないと言っているに等しく、公務による心理的負荷を不当に低く見積もるもので妥当でない」**とはっきりと排除して、個別ケースの深刻さに即した支援のあり方を学校・教育界に対して求める指摘・判断になっている。

以上の5点での「困難に陥った新採教師に対する支援」に関する判決の特徴は、「何が支援になるか」「支援になるためには、どういう要件がなければならないのか」について、木村さん被災事件に即した、貴重な教訓を提起したものであると考える。

特に②における「事態の深刻さについての認識とその共有の欠落」という指摘は、③で、「支援」が一時的なもの、個人責任追及で支援に値しないもの、という厳しい問題指摘につながっている。その教師が陥っている困難と苦悩の深刻さに対する認識欠如は、④にある「支援を求める姿」を受け止められず、結局⑤に言う「支援体制全体が実質はなくても形式さえあれば十分」と問題指摘される体質につながっている。

それらの意味では、判決が「困難に陥った教師への支援のあり方」について教育界に提起した問題点は、リアルでかつ深いと思う（この点は次節〈3〉で再論する）。

〈3〉木村裁判・判決が、日本の教育と教師のあり方に持つ意味と課題

（1）「教師の公務上災害」を認定する判決・裁決を受け継いで

小論冒頭で述べたように、判決文がこの姿を取るには、事件そのものの深刻さ、それを訴えた

被災者両親の意志、7年に及ぶ支援のとり組みと広がり、原告代理人としての弁護士諸氏の奮闘など、この事件・裁判に固有のことがらと努力の重なりがあったに違いない。

同時に、この事件と判決の固有性と共に、ここ数年の「教師の公務上災害」を認定する判決や裁定の流れの中で、それを継承しまた発展させる面もあると思う。たとえば、それは以下の4件の「教師の公務上災害」認定の判決・裁定である。

(a) 尾崎善子さん被災事件、東京高裁判決(2008年4月24日)

2000年に静岡県小笠郡の公立小学校で、尾崎さん(教職歴20年の女性教師)が、担任する養護学級に体験入学した子どもとの関係で次々と起こる異常な困難を経験し、その精神的重圧から、うつ病・自殺に至った事件。地公災・静岡地裁は「公務外」としたが、高裁の逆転「公務上災害」認定は、最高裁で確定した(2009年10月27日判決)。

(b) 新宿区立小Aさん被災事件、地公災東京都支部審査会裁決(2010年2月10日)

2006年に大学新卒女性教師Aさんが、担任クラスでの子どもとの関係や保護者からの人格攻撃的なクレームに苦しめられ、それに十分な支援もないまま、着任わずか2カ月でうつ病・自殺に至った事件。地公災の「公務外」処分への「不服」申し立てで開かれた支部審査会での逆転裁決で、「公務上災害」が確定した。

(c) 堺市立中・田村さん被災事件、大阪地裁判決(2010年3月29日)

１９９８年に中学校社会科女性教師・田村さん（50代初め）が、中学校の荒れと生徒からの度重なる暴力に苦しみながら、それを何とか解決しようと懸命に努力するが、職場での支援もなく孤立し、うつ病を発症して自殺に至った事件。地公災の「公務外」処分はこの地裁判決で逆転、基金側が控訴断念して「公務上災害」認定が確定した。

(d) 鳥居建仁さん過労被災事件、名古屋地裁判決（２０１１年6月29日）

２００２年に愛知県豊橋市立中学校で、40代初めの男性教師・鳥居さんが校務分掌と部活指導での重責などで、６カ月間毎月１００時間を超える時間外労働を負い、その過重労働で脳出血発症に至った事件。地公災の「公務外」処分はこの地裁判決で逆転したが、基金側が控訴して現在も係争中。

もちろん、個別の事件はそれぞれに特有の面があり、またその判決・裁定にもそれぞれ固有の意義がある。とともに、その間に当然ながら関連もあると考え、以下ではそのような面を含めて、この判決を教育の世界の問題として受け止めたい。

(2)「困難に陥った教師」をどう見るのか――「個体の脆弱性への帰責」を越えて

数年前まで「教師のうつ病・自殺が公務上災害と認められた例はない」と言われていた。この状況を根本的に転換したのが、(a)の尾崎さん事件・東京高裁の逆転公務災害認定判決であった。

これは、木村事件と同じ静岡県で２０００年に起きた「教師のうつ病・自殺事件」で、地公災の不当な「公務外」処分と静岡地裁の不当判決を、東京高裁が取り消し、最高裁がそれを再確認して、公務上災害認定が確定したものである。

この画期的な東京高裁判決は、「うつ病」を個人心因性だけでなく、環境ストレスが誘因として大きい病気であること、「几帳面、まじめ、職務熱心、責任感、誠実という性格傾向を有していても、柔軟性にやや欠ける者であれば教職員として採用するにふさわしくないとは到底いえない」とし、うつ病・自殺は個人性格に帰するのではなく「真摯に職務に取り組んだ」ことがもたらしたストレス因が大きい、まさに職務と深く関連して起こった災害であると認定している。

地公災基金側は、「同じ状況でも、うつ病を発症しない人がいる」として、その被災を「個体の脆弱性」に帰責する論理を好んで用いる。木村事件でもそうだった。(a)東京高裁判決はそれをどう覆したのだろうか。

尾崎さんの「几帳面、まじめ、職務熱心、責任感、誠実、柔軟性にやや欠ける」という性格傾向は、それがうつ病との若干の親和性があるとしても、仕事の面での実際に起こったような異常に強いストレスがなければ教師として十分に職務を果たしてきていた。だから、個体の脆弱性が原因とは言えず、公務に関連する強いストレスの方がうつ病発症に因果関係があるとして、「個体脆弱性」を退けたのである。

同様のことは、(c)田村さん事件・大阪地裁判決にも見られる。地公災基金側は、荒れる中学校の中で、田村さん同様の状況にあった教師たちはうつ病を発症していないからと、田村さんの個体脆弱性に帰責する。判決は、他の教師も「肉体的にも精神的にも疲弊し、いつ精神障害を発症してもおかしくない状態であった」と、異常な困難の状態のほうに原因を帰している。

(d)鳥居さんの過労脳出血についても、「高血圧ともやもや病」という基礎疾患があったとしても、通常の勤務には問題なく、異常な過重労働の重なりがその疾患を増悪させて被災に至ったとして、過重労働のほうに主要な発症原因を判断している。

木村事件の判決はこのような判断を継承し、原告側の主張を認めて、

「当該精神疾患を発症させる一定以上の危険性の有無については、同種労働者（職種、職場における地位や年齢、経験等が類似する者で、公務の軽減措置を受けることなく日常業務を遂行できる健康状態にある者）**の中でその性格傾向が最も脆弱である者**（ただし、同種労働者の性格傾向の多様さとして通常想定される範囲の者）**を基準とするのが相当である」**（p. 29）

という判断基準を示している。これは、教師は精神的に脆弱で構わないというような意味ではなく、筆者の素人流の解釈で、たとえば尾崎さん事件の例で言えば次のようになる。

「几帳面、まじめ、職務熱心、責任感、誠実、柔軟性にやや欠ける」という性格傾向に、うつ

病への親和性が若干あるとしても、それでは逆に「ずぼらで、不真面目で、不熱心で、無責任で、不誠実」である性格は、柔軟性がありストレスに強いかも知れないが、教師にはそういう人が本当にふさわしいのか？　むしろ「几帳面、まじめ、職務熱心、責任感、誠実」などは教師にとって十分ふさわしい性格であり、それで若干柔軟性に欠け、ストレス耐性が高いとは言えないとしても、異常なほど過度の負担さえなければ、十分教師として立派に職務を果たせるのである。だとすれば、過度の負担を生じさせた公務のほうに、病気発症との相当な因果関係を認めよう、という判断基準であると思う。

この点が重要だと思うのは、教師個人が陥った困難や苦悩を「個人に帰責する」見方は、地公災基金側だけでなく、学校現場にもあると考えるからである。じっさい木村裁判では、当該学校からの証言の大部分がそのような見方に立っていた。特に「自分はそうなっていない」「自分は新採のときにそうならなかった」ということを自分の「自信」にする教師の中には、「そうなったのは、その教師が悪いのだ」と（条件の違いや、諸要因の重なり、また偶然性などを無視して）思い込み易い人がいるものである。そういう見方こそが、この間の一連の判決で、そして木村事件判決でより具体的・原則的に批判されているのである。

たとえばある教師が、生徒たちとの関係で容易には解決しづらい困難に陥ったとすれば、それを、直ちにその教師の責任や問題点・弱さに帰責するのではなく、同じ状況に置かれれば、同様の困難・苦悩やそれに起因する発症に誰が陥ってもおかしくない、今日の学校と教師が直面していることがらの難しさの問題として見て行こうということになる。判決は、個人帰責に陥ることなく、教育の今日的な困難を直視すべし、という強いメッセージを日本の教育界に対して発していると受け止めたいと考える。

（3）「新採教師への支援体制」に関する理解の深まり
――「孤立」か「共有・共感」か

新採教師がそうした過重な困難と苦悩に陥った場合には、（たとえばA君の受け止めと対処にしても）判決も言うように4月に採用されたばかりの**「同人に対し高度の指導能力を求めること自体酷というべき」**（p. 36）である。つまり、自分だけの経験と力量でその困難を乗り切っていくことは極めて難しい中で、苦悩を深めているのである。だとすれば、困難に陥った新採教師に対する「周りからの支援」というものが何より重要になるのである。

新採教師への支援体制の不備・不足の問題は、(b)新宿区Aさん被災事件の支部審査会の逆転公務上災害認定の「裁決」においても強調されていた。単級だった同学校では、指導教員が自分のクラスづくりに手一杯などまともな支援がなされなかったことと、校長・副校長を含めてAさんの陥った困難に見合うような支援がなかったことが指摘されていた。

木村事件裁判では、被告・基金側が「支援は十分以上」と主張するのに対して、判決は前述したように（〈2〉―②・③・④・⑤）4点の理由を挙げて、それが極めて不十分なものでしかなかったと判断していた。

2つの新採教師自殺事件の裁決・判決で、共通し引き継がれているのは、「支援は、生じている事態の深刻さに見合うものでなければならないのに、そうなっていない」という判断である。「支援は、事態に見合うものでなければならない」という大事なメッセージが教育界に向かって出されている。このことの意味を以下の2点でぜひ受け止めたい。

①「支援」が陥り易い2つの傾向

新宿区Aさん事件では「支援体制はあっても実際は不備・不足であった」ことが指摘されていた。木村事件はたとえ支援体制が一見取られているように見えても、その支援内容が「事態の深刻さに見合うものになっていない」として、支援の実質により踏み込んだ判断になっていると思う。つまり、その時々に何らかの対応がなされるとしても、それは所詮一時的・応急的、あるいは形式的・画一的になり易いという点がはっきり問題点として指摘されている。

もう一つの陥り易い傾向は、新宿区でも共通することだが、「支援」が当人に対する批判に流れ、それに基づく指導・助言では実質的には少しも支援にならない、という点である。

②「孤立」ではなく「共有・共感」の支援へ

なぜ困難に陥った教師が職場で批判され、孤立しやすいのか。「困難に陥った教師」というものは、二重の困難の中にあると言える。一つは、教育実践上での子どもとの関係づくりの困難である。もう一つは、それを容易には解決できずに苦悩している教師存在としての困難である。教師の教えるという仕事は「自分は教師としてやれている」という最低限の自信がなければ（言いかえれば「教職アイデンティティ」の維持がなければ）難しい仕事である。判決は、この点についての理解が深いと思う。

たとえば〈1〉節で述べたように、「4年2組におけるトラブル等の出来事の発生とこれに関する百合子の感情等」の部分での21項目は、「学級で起こっていることがらの困難」と、「そこで木村さんが陥っている苦悩の深さ」とを、つながり合い重なるものとして「事実認定」してそこから出発しており、その理解の深さが判決全体を（「支援の不十分さ」指摘を含めて）貫いていると考える。

学校職場と教師仲間関係に即して言えば、こうした困難の二重性についての理解（＝状況の共有と共感と）がないと、周りからのまなざしやアドバイス・指摘は、容易にその教師に対する「批判・非難」に転化し、その教師をいっそう追い詰め「孤立」させることになるのである。じっさい、学校で「特別な支援が必要な子ども」という認定がなされ、コーディネーターを含む支援体制が取られた場合でさえ、検討会議の場が「支援よりも担任批判の場」となり易いことがよく聞かれる。困難な子どもの指導に関する「支援」は、三島の教師が強調したように（本書pp. 133―134）ことがらの共通理解に基づく職場ぐるみのものであることが求められる。そうでなければ当該教師の「孤立」を深めることになってしまう。

職場での「孤立」は2つの新採教師被災事件だけでなく、(c)の田村さん事件でも特徴になっていた。だから問題は、新採教師だけでなく、中堅・ベテランを含む日本の教師全体の課題である。その意味では、木村事件の静岡地裁判決は、日本の学校教育が現在陥っている困難についての深い理解を提起しただけでなく、教師という仕事が持つ特性とそれに伴う困難、いったん困難に陥った教師に対して、何が本物の支援たり得るのかについて、この事件の悲しい事実展開に即して、鋭く問題指摘したものであると言えるだろう。

〔注〕本書が参照した判決文は〈正文コピー〉で、文中のページ数は、それを使っている。その〈正文コピー〉は、左記の教科研ホームページで見ることができます。

http://homepage3.nifty.com/kyoukaken/kimurashizuokahanketsubun201112.pdf

あとがき

いたましさと、怒り・憤りと、悲しさとに囚われながら、本書の編集に参加した。

それでも、執筆者の皆さんが寄せてくれた丁寧な記述、深い分析に共感し、こうした一歩一歩が歴史を前進させるに違いない、という励ましと勇気も貰いながらの作業だった。

何がいたましいのか、何が悲しいのか、何に対して怒るのかは、本書ですでにかなりの明瞭さで提示されていると思う。

この「あとがき」で、悲しいことを敢えて一点追加したい。


序章の小笠原弁護士の寄稿にも、また静岡地裁の判決文でも、日本の学校と教師の大変な困難と苦悩が指摘されている。そして、それが困難に陥った個々の教師が悪いということではなく、日本の学校が直面している問題であることが認識されている。

Ⅳ章の楠さんの言う通り、「困った子」は、じつは「困っている子」である。同様に「困った教師」は「困っている教師」である場合が圧倒的であろう。そのことを弁護士も裁判官も、つまり法曹界の人々がじつに的確に認識して、難しい子どもの指導のあり方や、困難に陥った教師への支援のあり方について、学校と教員集団が十分対処できてない現実と体質を鋭く指摘している。法曹界からこのような指摘を受けながら、依然として「困った子」・「困った教師」という見方が支配している日本の教育界、それを直ちに改めようとする力が現実には弱い教育界、それがとても悲しいことである。

日本の学校教育関係者に、教師はもちろんのこと、教育行政・政策・改革に関わる人々にも、ぜひ本書を読んで貰いたい。またできれば静岡地裁判決文を読んでいただきたい。日本の学校の現状、子どもたちと教師たちをそのように追い詰めているもの、それらの呪縛が何なのかをぜひ心静かに考えて貰いたいと思う。

本書がそのような問題提起の一石になればと願うばかりである。また、被告＝基金側の不当な控訴によって東京高裁へと場を移す裁判を、日本の学校世界と教育政策の性格転換に向けての大きなとり組みの一環として、引き続き支援していきたいという思いを新たにする。

木村百合子さんの公務災害認定を求める裁判の控訴審・傍聴への参加を、木村事件を理解された本書読者の皆さんに「あとがき」を借りてお勧めしたい。一人でも多くの皆さんの支援が、この裁判闘争の勝利だけでなく、そこで裁かれている日本の学校現状と、それを支配する教育行政・

政策・改革を問い直し、社会的に変革・前進させる大きな力の一つになると信じて。

二〇一二年三月

編者の一人として　久冨　善之

〈第1回控訴審〉

◈日時／2012年5月10日（木）　午後2時

◈場所／東京高等裁判所808号法廷（東京都千代田区霞が関1〜1〜4）

【連絡先】木村百合子さんの裁判を支援する会（代表・蓮井康人）

kimurakousai1@gmail.com　0538—32—8063

木村百合子さんの裁判を支援する会・東京（代表・久冨善之）

sato1507@gmail.com　03—3931—8753

久冨善之（くどみ・よしゆき）
1946年生まれ。東京大学教育学部卒。一橋大学名誉教授。現在、教育科学研究会常任委員。専門は教育社会学、学校文化・教員文化論で、教師の仕事、その独特の難しさと乗り切りにまつわって生じる文化を研究。著書は『競争の教育』（旬報社）『教員文化の日本的特性』（編著／多賀出版）『教師の専門性とアイデンティティ』（編著／勁草書房）『新採教師はなぜ追いつめられたのか』（共編著／高文研）など。訳書はG．ウィッティ『学校知識』（共訳／明石書店）など。

佐藤　博（さとう・ひろし）
1948年生まれ。早稲田大学法学部卒。2009年まで東京都板橋区立志村第一中学校社会科教諭。教育科学研究会常任委員・学びをつくる会世話人。著書（共著）『子ども観の転換と学校づくり』（国土社）『中学教師もつらいよ』（大月書店）『現実と向き合う教育学』（大月書店）『みんな悩んで教師になる』（かもがわ出版）『新採教師はなぜ追いつめられたのか』（共編著／高文研）ほか。

新採教師の死が遺したもの

●二〇一二年四月一五日――――第一刷発行

編著者／久冨善之・佐藤　博

発行所／株式会社　高文研
東京都千代田区猿楽町二―一―八
三恵ビル（〒一〇一―〇〇六四）
電話03＝3295＝3415
http://www.koubunken.co.jp

印刷・製本／精文堂印刷株式会社

★万一、乱丁・落丁があったときは、送料当方負担でお取りかえいたします。

ISBN978-4-87498-478-9　C0037